[土耳其] 赫斯特·欧森 (Kursat Ozenc)
[美] 玛格丽特·哈根 (Margaret Hagan) ◎著

李心怡◎译

工作需要仪式感

Rituals for Work

50 Ways to Create Engagement,
Shared Purpose and a Culture that
Can Adapt to Change

人民邮电出版社

北京

图书在版编目（CIP）数据

工作需要仪式感 / （土）赫斯特·欧森
(Kursat Ozenc)，（美）玛格丽特·哈根
(Margaret Hagan) 著；李心怡译. -- 北京 ：人民邮电
出版社，2020.4
ISBN 978-7-115-52783-7

Ⅰ. ①工… Ⅱ. ①赫… ②玛… ③李… Ⅲ. ①工作方
法—通俗读物 Ⅳ. ①F0-49

中国版本图书馆CIP数据核字(2019)第268409号

版 权 声 明

◆ 著　　　　[土耳其] 赫斯特·欧森（Kursat Ozenc）
　　　　　　[美] 玛格丽特·哈根（Margaret Hagan）
　译　　　　李心怡
　责任编辑　宋　燕
　责任印制　周昇亮
◆ 人民邮电出版社出版发行　　北京市丰台区成寿寺路 11 号
　邮编 100164　　电子邮件 315@ptpress.com.cn
　网址 http://www.ptpress.com.cn
　北京印匠彩色印刷有限公司印刷
◆ 开本：787×1092　1/16
　印张：16.75　　　　　　　　　　2020 年 4 月第 1 版
　字数：180 千字　　　　　　　　 2020 年 4 月北京第 1 次印刷
　　　　著作权合同登记号　图字：01-2019-4447 号

定　价：69.00 元

读者服务热线：（010）81055522　印装质量热线：（010）81055316
反盗版热线：（010）81055315

广告经营许可证：京东工商广登字 20170147 号

谨以此书献给我们的家人，特别感谢阿丽雅、梅米特，
以及塞尔坚。

Contents

目　录

第三部分
设计由团队所享、所建的仪式

Ritual Index

仪式索引

哪种类型的仪式适合你？

个人

团队

+ 激发横向思维
+ 允许冒险和失败
+ 团队思想建设
+ 帮助遇到困难的同事梳理问题

+ 帮助团队排除干扰因素
+ 将停滞的项目向前推进
+ 明确团队工作的核心目标

+ 培养坦诚的工作文化
+ 及时暂停激烈的讨论
+ 释放情绪,解决冲突
+ 提前权衡利弊,避免冲突

+ 提升会议效率
+ 跨地域庆祝节日
+ 使在线团队和不同办公室的同事之间
  建立联系
+ 与团队成员建立默契并共同探索

+ 某项工作被叫停
+ 向新员工宣讲公司的价值观
+ 帮助临时组建的团队建立身份认同
+ 价值原点共创

组织

+ 为反复出现的问题找到解决方案
+ 打造勤于思考、稳中求变的公司文化
+ 鼓励每个人分享自己的技能

+ 剔除团队日程表中的干扰因素
+ 保证每天的工作都有意义
+ 合理分配员工,提高整体表现

+ 建立坦诚相待的企业文化
+ 帮助团队成员建立心理安全感
+ 以中立的态度解决与团队健康发展相关的
  问题

+ 创造共同的回忆,巩固组织的身份认同
+ 鼓励员工进行社区活动,建立社区影响力
+ 打破团队之间的隔阂

+ 在兼并、收购和领导层更替过程中保持稳定
+ 取缔某个部门或叫停某个项目
+ 管理组织变革的方向

50 个提升工作绩效的仪式

第五章

化解争执与
调节情绪的仪式

第六章

圈层建设与
团队建设的仪式

第七章

辅助过渡与
适应变化的仪式

Profiles

专家简介

Preface
前　言

本书的主题是仪式

本书介绍了一些可以在日常工作中使用的仪式，举行这些仪式可以为你的日常工作和人际关系带来新的能量。我们主要关注如何自下而上地改变我们的工作方式。不同于自上而下、官方实施的改善工作效率的措施，仪式可以帮助你通过一些更小规模的、参与度更高的方法提升工作满意度。

除了自下而上的仪式，我们还介绍了一些改善团队沟通效率的仪式，以及一些帮助组织转型并应对困难的仪式。

在过去的几年中，我们与一些企业及公共事业合作伙伴一起在斯坦福大学设计学院教授仪式设计课程，以期找到应对工作效率低下的方法。我们收集了其他组织和个人所使用的仪式，作为素材展示给我们的学生，并激励他们创造新的工作仪式。

本书展示了多种类型的仪式，有的得到了成熟公司的验证，它们有完整的团队从事文化和社区建设，也有很多从设计工作坊或研究过程中诞生的实验性的仪式。在书的最后，我们介绍了我们自己在设计仪式时使用的基本方法。你也可以使用这套方法设计你自己的仪式。

在本书中，我们介绍了那些正在创造新的仪式以及更好的组织文化的设计师。我们用专门的篇幅描写他们的工作，以此展示人们是如何尝试新的工作方式、掌握创造力、建立良好的人际关系的。

这是一本实用书，你可以快速浏览或者跳过一些章节，找到与你目前面临的挑战相关的内容。

为什么工作
需要仪式感

我们一生中会在工作中投入大量的时间，不管是就职于大公司还是小公司，或者自己创业，都是这样。但是，我们在改善工作体验方面，如改善人际关系、提升创造力和专注力、应对生活变动和公司变革等，又投入了多少时间呢？

仪式可以有效地改善我们的工作体验，让我们表现为心目中希望的那样。这些举措可以帮助我们建立起情感纽带、解决冲突、表现得更好，以及帮助我们适应变化。

如今，公司和个人在工作中都面临巨大的挑战。比如员工敬业度低、压力大、工作环境恶劣、重组失败等。[1] 这些工作上的问题需要一套多维度的策略，使工作环境更人性化、更有价值和更有创造力。仪式就是其中的一种策略，可以帮助领导者和个人解决他们的大问题。

体育迷可能已经熟悉了工作中的仪式。拉菲尔·纳达尔（Rafael Nadal）在参加网球比赛时会进行一系列的仪式，在每场比赛开始之前的 45 分钟，他都会洗个冷水澡。对他来说，这是一种工作仪式，可以调节他的情绪，帮助他专注于比赛，进入心流状态。[2]

Zipcar 创造了一项仪式，用于帮助公司完成一次大规模的组织变革。当他们做出向移动业务转型的决定后，他们把公司员工召集在一起，举行了一场砸台式计算机的仪式（详见第七章）。[3] 这是一场集体仪式，标志着旧的工作方式已经结束，他们迎来了新的工作方式。

本书介绍了很多关于为什么仪式能够改善工作效率的研究成果，同时呈现了很多案例，希望对你有所启发。

本书旨在阐述如何建立起更有目标感、人际关系更融洽、更有意义的工作文化。使用这本书中阐述的仪式，可以让你的工作更高效。

我们知道，仪式并不是应对工作中重大挑战的唯一方法，但它是一种独特而有效的策略，能够帮助你贯彻你的价值观和行为准则，并帮助你实现目标。

仪式到底
是什么？

仪式

定义：一个人或一个集体遵照某种类似的模式或程式重复进行的动作。在进行仪式的过程中会使用一些象征符号，并为这个仪式赋予某种含义。

含义：仪式的意义与众不同，这就把平凡变成了特别。

仪式的意义 |

我们用"仪式"这个词形容某些行为，这些行为能够为某些时刻赋予特殊的意义。这类行为背后隐藏着一系列独特的因素，使它们不同于一般的体验。

仪式是在特定情况下遵循相似的模式或程序进行的动作。大多数仪式都会有一套固定的程式，人们需要遵守这套程式并不断地重复这套程式。

仪式具有目的性。与日常习惯不同，仪式不是无意识进行的。在进行仪式的过程中，人们能够意识到正在发生的一切具有特殊的含义，并且能意识到自己正在融入仪式。

仪式要求人们做出特定的举动。通常，人们需要根据固定的节奏做出动作，这会促使人们感觉到有什么特殊的事情正在发生。仪式中也会使用一些具有象征意义的符号，可能是道具、特定的词语或肢体动作，这背后具有更深刻的内涵，它通常意味着更深层次的价值观。这些符号能够唤起一种超乎寻常的感觉，能够为普普通通的事物赋予特殊的含义。

一项好的仪式应该具有清晰的叙事逻辑，这通常有助于人们理解正在发生的事情，使他们在更大的背景下理解仪式的意义并参与进来。

仪式具有神奇的力量，能够让一些普普通通的时刻变得令人惊喜和难以忘怀。从表面上看，仪式可能一点都不科学或没什么用，因为它并不总是合乎逻辑。

不同层次的仪式

仪式不一定都是盛大的或与宗教相关的,遵循一定强度和频率的模式或动作,都可以算作仪式。

有些仪式很简短,而且经常发生,比如开发团队每天的站立会议。这类仪式可能强度不高,但仍然能够帮助人们建立共同的目标和归属感。

还有一些仪式则会比较夸张,而且并不常见,比如毕业典礼。这类仪式会遵循更细致的程式,更加正式,并且带有一辈子可能只进行一次的性质。这也意味着它承载了更深厚的意义,背后蕴藏着更深层次的人与人之间的关系。

对于要做出深刻改变的人和组织来说,仪式似乎是一种"软"策略,因为它们不是一种直接施加的手段,而是采取了较为迂回的逻辑。但是,仪式可以让抽象的组织身份认同、目标感和原则变得具象化。在建立共同的目标感、意义感和情感联结层面,仪式可以带来无形的价值。

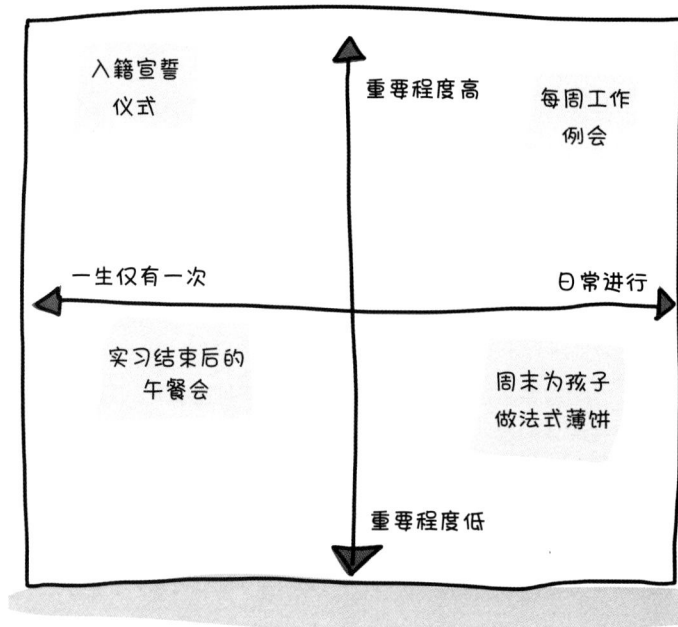

哪些人可以将仪式运用到工作中

仪式旨在创造意义：我们如何让自己的生活、团队和产品更有意义？仪式可以帮助你有意识地创造更好的工作文化，无论在组织层面、团队层面，抑或只是你自己的工作习惯。

本书是为那些有兴趣尝试建立更好的工作文化的人而著的。

可能有一些人想让他们的日常工作更有成效，更贴合他们的行为准则和目标，或者让工作时光更令人难忘；

可能有一些团队成员或经理认为，他们的工作生活应该更符合他们的价值观，并希望为组织带来更多的协作能力、幽默感和创造力；

可能有组织领导者希望建立一种能够阐述公司的价值观、使命、基本纲领和道德准则的企业文化；

也可能有一些设计师或工程师正在进行一项创新，想要找到更有创造性的方法，或者推出他们正在设计的新产品，他们可能想要尝试改变现在的工作文化以实现这项创新。

本书就是为他们准备的。

我想改善组织文化，让我们变成更加强大和更加以价值驱动的组织。

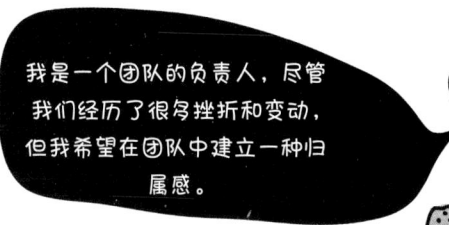

我是一个团队的负责人，尽管我们经历了很多挫折和变动，但我希望在团队中建立一种归属感。

我想改变自己的工作方式，使自己变得更有创造性、更专注、更高效。

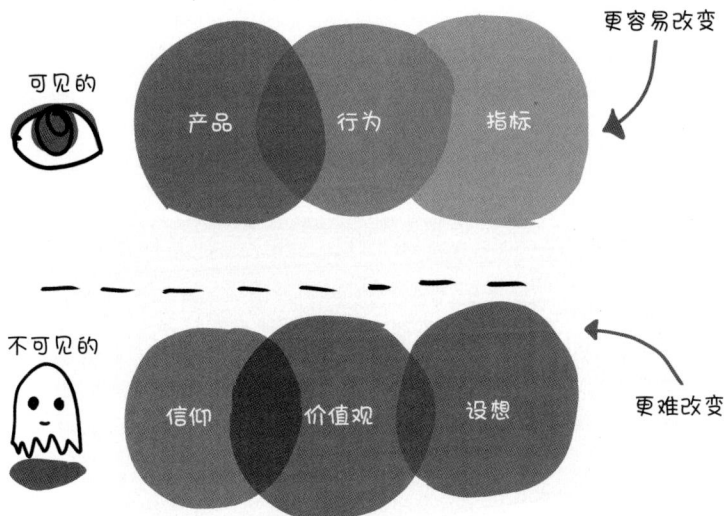

文化地图，改编自詹姆斯·赫斯克特的《文化圈》[4]。

特别是对工作社区和文化感兴趣的人来说，比如经理或管理层，甚至是关心组织如何运行的新员工，仪式可以起到很大的作用。

通常，一个组织的文化是在理论层面的探讨中确定的。组织文化可以通过确定宣言、核心原则或章程体现。仪式则能够把这些宏观的、抽象的思考带入日常实践。仪式一般会要求人们做出特定的行动和具体的肢体动作。一项有用的仪式会将公司潜在的价值观和无形的信念（所有这些有价值的但无形的东西）都转化为现实可见、可互动、可操作的举措。

你想成为工作的建筑师，亲手打造你的工作吗？即使你不是公司或团队的经理，你也可以使用轻量级的策略（比如仪式）让工作朝着你希望的方向发展。

这意味着你需要把实际的创造力带入工作当中。你可以尝试做一些小小的试验和实践，看看如何解决正在面临的问题。这也意味着你要更深刻地认知自己的能力，以及更深刻地思考自己希望面对什么样的工作。

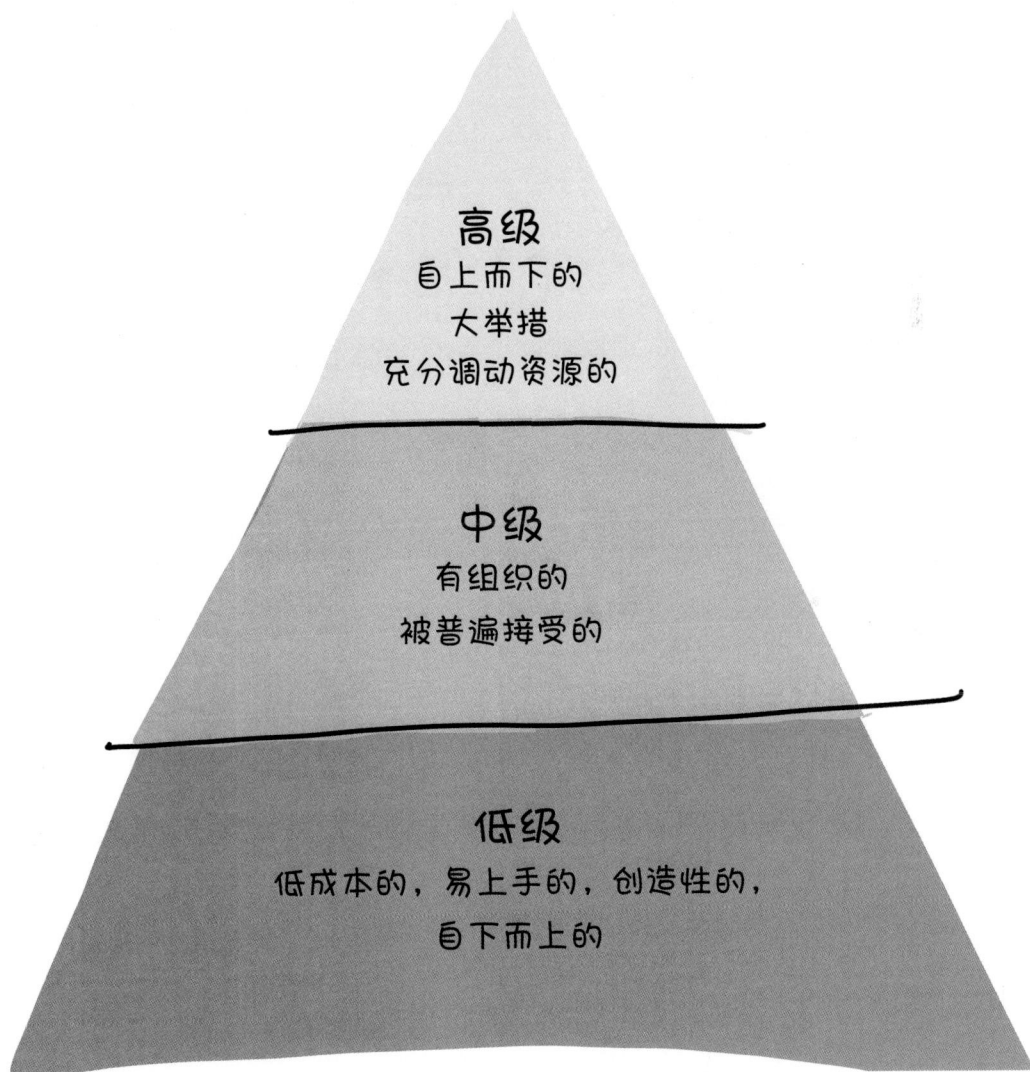

当我们提起工作文化时，经常会用一种自上而下的方式思考：领导者是怎么说的、怎么做的，公司正式组织了哪些大型活动。

不如思考一种自下
而上的公司文化，
由组织内部的成员
自己设计、自己决
定进行什么样的仪
式和活动。

The
Power of
Rituals

—

第一部分

仪式的力量

1

Rituals for
Better Work

第一章

仪式让工作更高效

仪式的力量

作为设计师，我们对仪式感的关注源于自己的日常工作。我们发现之前做过的一些最成功的项目，都是因为我们把新产品或新方案设计成了一种"仪式"，无论是设计促进糖尿病患者依从性的方案，还是帮助人们遵守交通法规把车停在该停的地方，抑或是帮助刚刚上任的经理更高效地监督团队，都是如此。[5] 仪式感让新产品变得更有吸引力。[6]

我们发现，当按照设计仪式的方法设计产品时，人们会更愿意使用产品，而且更容易持续使用下去。当然，我们不会把新产品称为一种"仪式"。仪式会设计出一条清晰的路径，引导人们一步一步地执行，并且仪式会唤醒人们内心的某种意义，产生一种情感上的连接，这正是仪式吸引人的原因。

仪式有一种特殊的力量，能够把人们连接在一起，并为他们的世界赋予意义。当我们试着将仪式带入工作去帮助个人成长、推动组织变革时，我们发现，在短短的时间内，仪式为公司带来了生机、活力，以及圈层归属感。

许多人类学、心理学、神经科学和组织行为学学者组建了强大的研究团队研究仪式的原理，探究仪式究竟具有何种力量。这些研究可以帮助我们理解历史上的仪式究竟为何物，以及它们的演变历程。这些研究还揭示了仪式的工作原理，以及它们对于人类的重要性。这些实证研究为本书提供了大量可行、有趣的示例。

仪式赋予我们秩序和意义。仪式的基础研究扎根于法国社会学家埃米尔·涂尔干（Emile Durkheim）的研究成果。他在研究宗教时发现，仪式是支撑信仰系统得以运转的核心。仪式使信仰这种无形的东西变得具体且可理解。[7] 人们被仪式的功能和仪式中设计好的行为吸引，而这些行为给人们带来了掌控感和意义感。

仪式为人们提供了一个世外桃源，在这个世外桃源中，人们可以扮演另一个自己。

人类学家克利福德·格尔茨（Clifford Geertz）发现，当举行仪式时，人们可以把自己从"真实"世界中抽离出来，进入另一个更加理想化的世界。[8] 在仪式中，人们可以想象自己用另一种方式生存、处世，短暂地逃离现实生活中那些每天令人烦恼的规矩和琐事。仪式赋予人们安全感，为人们构建了一个更理想的生活空间。

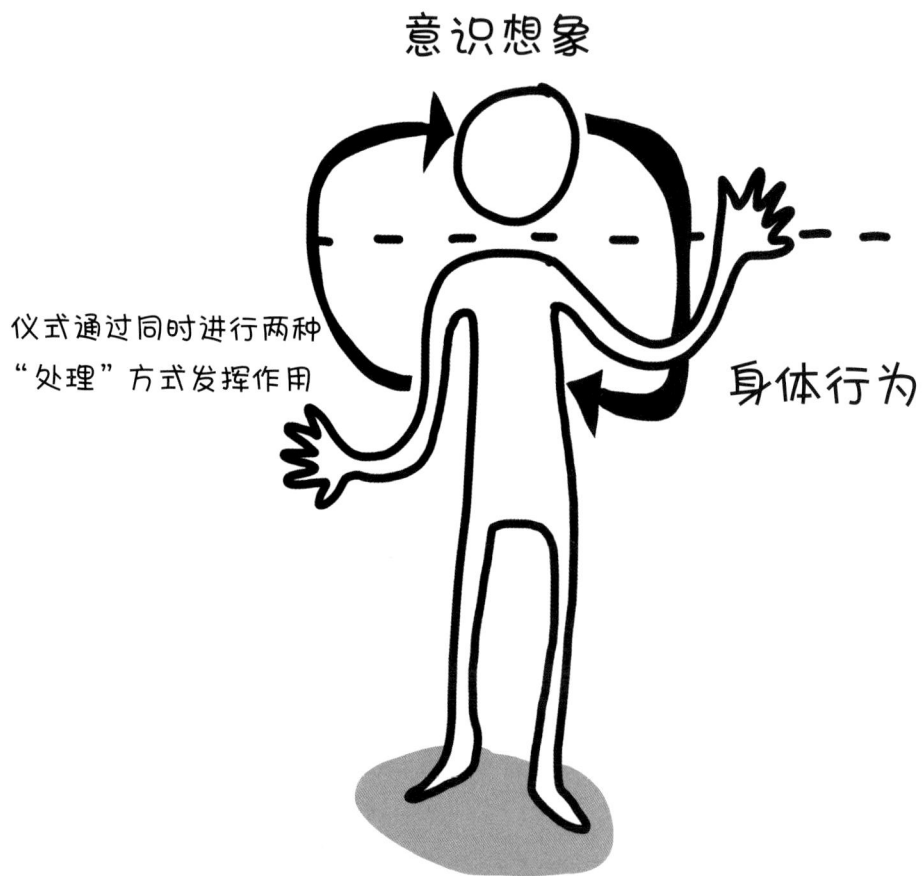

意识想象

身体行为

仪式通过同时进行两种
"处理"方式发挥作用

画一幅能体现当下感觉的画

在这幅画上撒盐

大声地数到 5

揉皱这张纸

将它丢进垃圾桶

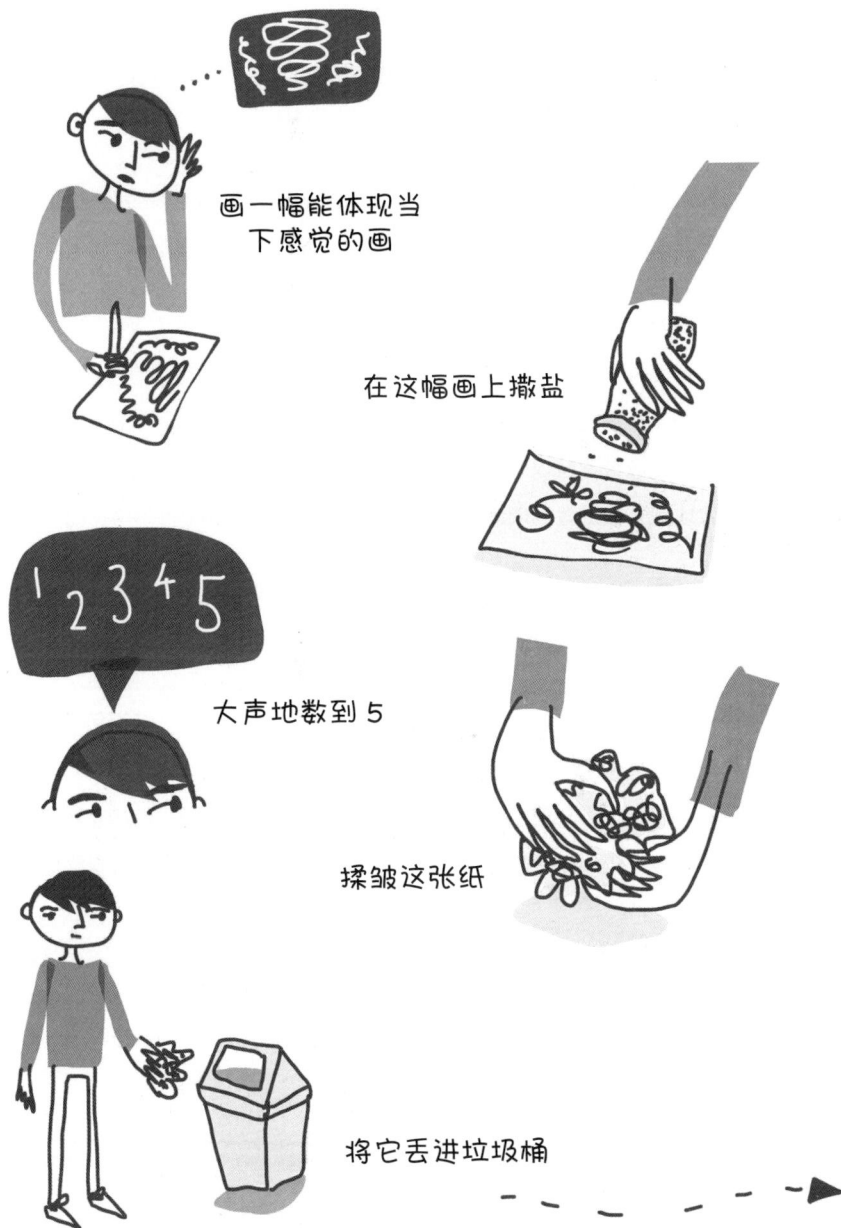

哈佛大学的研究人员发现，上述仪式可以减轻人们在承担有压力的任务时所产生的焦虑感，比如临时举行一场唱歌比赛。

仪式能够激励内心，使人们团结在一起，进而提升整体表现。为了探测集体仪式的功效，诺顿和同事们设置了一个"寻宝游戏"。游戏中设定了一些任务，包括在校园内特定的地点自拍一张照片。[13] 在寻宝游戏开始之前，仪式组的被试者被要求做出鼓掌和跺脚等仪式。非仪式组则没有收到这样的指令。

游戏结束时，研究人员统计了自拍照的数量。获胜者从自拍照数量更多的那一组中选出。仪式组的自拍照数量多于非仪式组，且仪式组的团队凝聚力比非仪式组更强。

仪式有助于提升创造力。该研究团队还做了另外一项研究，试图揭示个人仪式和集体仪式在提升创造力方面是否具有显著差异。[14] 研究人员给被试者设定了一系列与创造力相关的任务，如通过头脑风暴找到特定物体的用途。被试者被要求进行一些仪式，如摇骰子、按照指挥挥舞双臂等。其中一部分被试者单独进行这些仪式，其余被试者则集体进行这些仪式。研究发现，集体仪式比个人仪式更能有效地提升被试者的创造力和团队凝聚力。

仪式能够提升体验质量。凯瑟琳·沃斯（Kathleen Vohs）带领的另一支研究小组针对仪式能否提升就餐体验进行了研究。仪式真的能让就餐体验更好吗？

研究人员要求被试组在吃巧克力之前做出某种特定仪式。[15] 指示如下："拆包装纸之前，把巧克力掰开，一分为二；把其中半块的包装纸拆掉，吃掉这半块巧克力；然后拆掉剩下那一半包装纸，吃掉剩余的巧克力。"非仪式组的被试者则在自由活动了一段时间后吃掉了巧克力。结果显示，进行仪式的被试者认为巧克力的味道更好、价格更贵。仪式使人们更加享受吃巧克力的过程。

仪式的操作步骤和操作频次会影响仪式的功效。有研究表明，仪式的具体操作细节会对仪式的功效产生影响。在巴西的一项研究中，研究人员克里斯汀·莱加尔（Cristine Legare）和安德烈·苏扎（Andre Souza）对一群进行 Simpatias 仪式[①]的人进行了研究。

研究表明，Simpatias 仪式涉及的步骤越多，起到的作用就越大。此外还有一些因素会影响仪式的最终效果，例如整套仪式重复的次数、是否选择特定时间进行仪式，以及每个步骤是否引用了视觉符号。这些研究表明，仪式的步骤和重复频率都会对人们的最终体验产生影响。

① 巴西的一种公式化仪式，主要用于解决戒烟、哮喘、阻挡霉运等问题。——编者注

　　仪式能够提高人们的掌控感。在工作以外的生活中，仪式也可以帮助人们做出明智的决策。田鼎（Allen Ding Tian）研究组围绕仪式对健康饮食习惯的影响进行了研究。他们发现，进行仪式可以提高人们控制卡路里的摄入量、健康饮食的意识。[16]

研究人员围绕"如何吃巧克力棒"设定了一项仪式。人们在吃巧克力之前进行这套仪式，吃的时候会觉得巧克力的味道更好、价格更贵。

仪式
的
原则

原 则

1

仪式拥有一
种神奇的、
"难以描述
的"特质

原则

2

仪式是需要刻意而为的，人们需要调整自己的状态，把仪式看作一段特殊的历程。

原则

3

仪式具有象征意义，
这种象征意义蕴含
某种目的，并且是
超越现实的。

原则

4

仪式会随着时间的
推移而逐渐演化，
以更好地适应人和
场景。

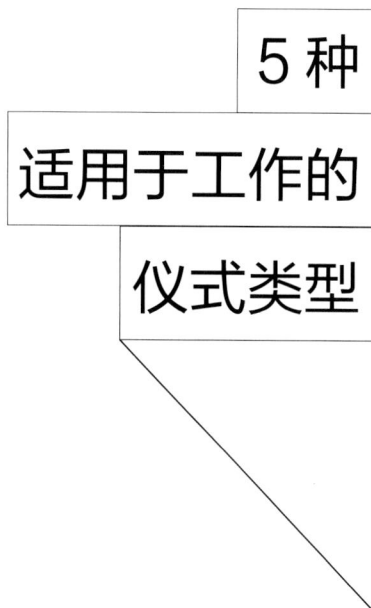

5 种

适用于工作的

仪式类型

辅助过渡与适应变化
适应新环境和变化

激发创造力与创新精神
灵光一现的创意与求变的
视野

圈层建设与团队建设
所有人团结在一起，每个人
都融入集体中

化解争执与
调节情绪
解决问题，缓解冲突

提升外在表现与
内在心流
帮助人们更加专注、
自信、高效

仪式能够在工作中起到多重功效。我们已经找到了仪式在组织中发挥的 5 种显著功效。
这些功效是我们在研究组织仪式的过程中发现的，并且，我们在日常的设计工作中验证
了这些发现。

激发创造力与创新精神

灵光一现的创意与求变的
视野

提升外在表现与
内在心流

帮助人们更加专注、
自信、高效

激发创造力与创新精神的仪式

创造力与创新精神是一个组织发展的原动力。为了应对不断变化的市场和形势，无论公司的运营方式还是团队本身，都需要具备创造力。灵光一现的创意能够帮助人们抓住灵感，让每个人的创意得以充分发挥。艺术家、作家、电影制作人通常会通过反复进行此类仪式获取创意。[17]

设计团队会通过激发创造力仪式人为地构建出一个环境。在这个环境中，大家不必担心自己的想法"对不对"，这非常适合进行头脑风暴。这类仪式还可以帮助我们与生活圈子以外的人建立联系，从而构建同理心，这也会激发我们的创新精神。

提升外在表现与内在心流的仪式

研究表明，在接受挑战之前进行仪式，可以帮助个人和团队提升信心和增强专注力。这里所说的挑战既可以是风险较高的挑战，如开董事会会议，也可以是日常工作中激发创意的小挑战。提升外在表现的仪式可以充分挖掘个人重视的信念和意志并加以利用，激发人们更高效地工作。

许多运动员会运用此类仪式提升自己在赛场上的表现，例如做一些特定的热身运动，每次上场前吃特定的食物、拍拍队友、亲吻一件旧球衣，或者在踩过的场地上粘上口香糖。[18]

化解争执与调节情绪的仪式

无论是同事之间吵得不可开交、谁也不肯让步，还是项目失败，抑或是让人忍无可忍的办公室政治，工作中总有火药味弥漫、"战争"一触即发的时候。这种情况有很多种解决方式，包括向对方妥协、调节自己的情绪或干脆撕破脸。化解争执与调节情绪的仪式可以帮助人们妥善地处理这种情况。

例如，当两个印第安族群之间发生冲突时，它们会举行熏烟仪式（smudging ceremonies）。[19] 发生冲突之后，两方族群内会各自进行熏烟。同时，人们会做出一系列具有象征意义的动作，表示对另一方族群的欣赏。这项仪式化解了负面情绪，为两方族群奠定了和平相处的基础。

圈层建设与团队建设的仪式

我们天生就有创造仪式的本能，通过仪式与他人建立联系，从而形成集体。当我们进行圈层建设与团队建设的仪式时，内心会迸发出强烈的归属感和身份认同感。正因为如此，集体信仰才能发挥作用，同时在集体中不断被强化。

在我们的生活中，这种圈层建设与团队建设的仪式随处可见：大学运动会后紧接着就是精心准备的美餐和音乐；在"火人节"这样的节日里，人们会穿上节日服装，烧掉一座木制的庙宇，以此象征浴火重生。

这些仪式可以帮助团体对外表达自己在乎的是什么，对内探寻自己的身份认同。仪式让团体的每一个人感受到归属感，让人们分享一些具有深刻意义的事。

辅助过渡与适应变化的仪式

工作有生命周期，就像我们每个人的生命一样。随着公司的发展，会有新员工加入、新项目启动，团队会自然而然地建立起来。再过几个月或几年，会有一些人离开、项目结束，团队可能也会解散。有时，裁员、重组或更换领导者，这些都会戏剧性地改变一个组织的发展方向。

无论上升期还是衰退期，总有动荡不安的时候。辅助人们适应变化的仪式，既可以帮助人们铭记这些改变，就像铭记毕业、婚姻、死亡和出生给人生带来的变化一样，还可以帮助人们克服不确定性带来的紧张感。[20] 迎接新成员、向即将离职的员工道别、终止项目、重组团队，这些都是人们需要适应的新变化，在这些情况下进行仪式具有特别的意义。

2

How to Bring Rituals into Your Work, Team, and Org

第二章

如何在工作、团队、组织中加入仪式感

你可能已经意识到仪式可以对你的日常工作产生影响，你不仅可以找到更好的工作方式或改善团队的工作方式，还可以更有效地激发团队意识。

在思考什么样的仪式最适合自己当下的状况时，我们可以借鉴人类学家和设计师的一些重要的思维模式。

人类学家

当你审视自己的工作和公司时，要保持开放的心态，要敏锐地观察现实情况。不要放过任何具有"特殊意义"的蛛丝马迹。当人们谈论自己的价值观、信仰和目标时，你要尽可能地去体会他们的感受。最后，你还要将人们的日常惯例和希望做的事情清晰地表述出来。

设计师

诺贝尔奖得主赫伯特·西蒙（Herbert Simon）在《人工科学》（*The Science of the Artifical*）中写道："每个想方设法改变现状迎合己意的人都是在做设计。"[21] 像设计师一样去做各种新的尝试，利用身边已有的条件，比如日常惯例、现有的空间和需要做的事情，去发现什么仪式是有效的。

首次实施仪式

关于仪式的实施策略，我们有以下几条建议。

1. 布置一个有安全感的空间

在进行集体仪式时，最重要的是参与者之间保持开放和透明。为了达到这个目标，你需要想方设法在空间中进行一些布置，帮助参与者更好地发现核心价值观和核心问题，并在此基础上设计出仪式。

2. 推动团队对仪式产生认同感

为了使仪式最终成功地发挥作用，你需要与团队成员达成共识。你需要设计一些沟通的方式，让大家能更有效地沟通，从而建立起认同感。

3. 让支持者影响其他成员

每次实施仪式，你都需要得到一些人的支持。这些人最认可仪式的必要性和价值。你应该找到这些人，让他们去影响集体中的其他成员。他们能够帮助你推动集体对仪式产生认同感。

4. 不要自上而下地把仪式强加给他人

实施新仪式时，如果强制命令大家参与，很难不引起抵制，这其实违背了仪式的初衷。事实上，你只要为大家设置好进行仪式的场景，具体的实施可以按照大家可接受的方式进行。这样一来，既可以保证整体框架不出错，又给予团队成员决定做什么以及如何做的决策权。

5. 不要把它称为仪式

当你试图说服那些认为文化建设活动没有什么用的同事时，你可以直接进行你要做的仪式，或者要求他们配合你，但是不要给这件事贴上正式的标签，不要让他们认为这是一项仪式。

6. 不需要搞得过于豪华，应该尽量简化

实施仪式时，无须投入太多的资金，也无须设计大费周章的流程，更无须投入大量的精力进行复杂的安排。第一次进行一项新仪式时，你应该尽量让它具有一些新鲜感，看看这项仪式是否具有吸引力；简单地测试一下，看看这项仪式能否解决当下的问题。

7. 充分利用积极分子的影响力

要想让仪式顺利进行，就需要打消大家的疑虑。在你的公司中，谁有能力激发他人的创造力和玩性？他们应该参与到仪式的发起过程中。找到那些已经习惯了以不同的方式做事的"早鸟"，让他们成为圈子中的领导者。

8. 不要把仪式和日常惯例混为一谈

仪式可以有常规惯例，但仪式本身并不是日常惯例。仪式是一种刻意而为的行为，需要你亲自参与、全身心地投入。而日常惯例是自发的，通常只有打破惯例时才能发现这是一种惯例。

9. 仪式可以作为一种养成习惯的方式

养成习惯的过程并不是在创造一项仪式。仪式具有一种寓意和价值的内核，可以激励个人或集体去养成习惯。

10. 将目标延伸到"快乐"以外

不是所有的仪式都是积极向上的。为个人或团队设计仪式时，我们建议参与者不要局限于大多数典型的仪式，这些仪式通常是为了创造"乐趣"，让日子好过一些。也就是说，我们要着眼于工作中的糟糕之处。例如，我们会为经理设计应对团队冲突的仪式，以此化解团队成员之间的冲突、提升团队成员的抗压能力。

11. 创造属于你自己的仪式

本书列举了大量的案例，但是不要把这些案例视为圭臬。你应该把自己的经历、你们团队的

价值观、只有你们团队成员才能听得懂的玩笑、你们的日常惯例、你们的象征标志融入进去，让仪式适应自己的工作文化。书中所列的仪式仅供参考，你需要有意识地把它们变成更适合自己的仪式。

12. 提醒自己没有什么仪式可以永垂不朽

仪式并不是永远都存在的制度。此前，我们创办工作坊的经历告诉我们，一旦仪式失去了意义或公司发生了变化，许多仪式就会不复存在。没关系，如果仪式有用就保留它，没用了就别再纠结于此。

13. 一开始不要对别人太强势

在实施仪式时，要恰到好处地做到冯特新奇曲线（Wundt movelty curve）[22] 的"甜蜜点"，也就是既能让人感觉比较新奇，又不会太过火的心理感受。这是伊莎贝尔·贝恩克（Isabel Behncke）告诉我们的。如果一个新的仪式中充满了新奇的东西，要求人们用完全不同于平常的方式去应对，或是把人置于一个非常陌生的场景中，他们就会因为感到不适而放弃。反过来，如果做事的方式或场景和现状没有太大的区别，人们又会因为感到无聊而放弃。仪式可以逐渐改进，一开始很低调，此后再逐渐添加更多的元素。

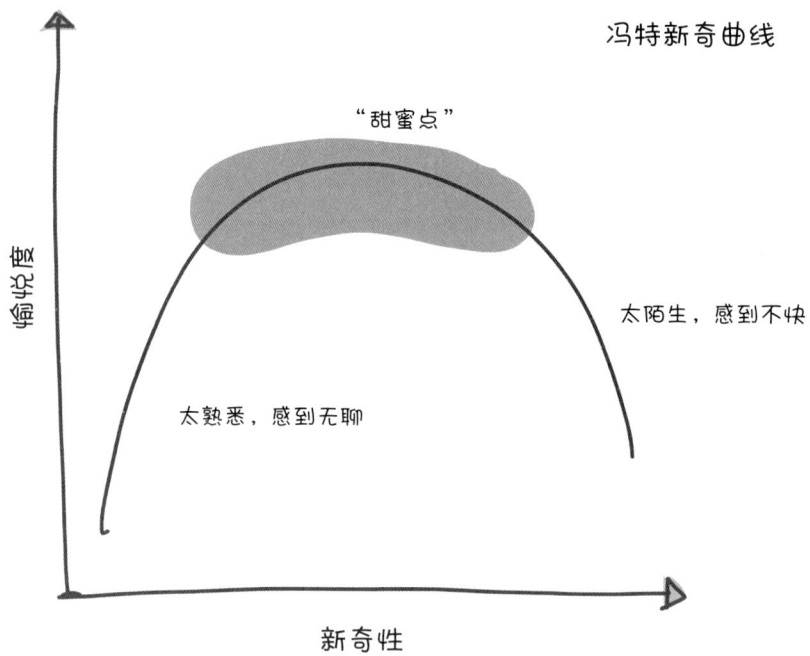

冯特新奇曲线

"甜蜜点"

输悦度

太陌生，感到不快

太熟悉，感到无聊

新奇性

尼克·霍布森（Nick Hobson）
多伦多大学社会心理学家、神经科学家

对仪式的研究

尼克从心理学和神经科学的角度对仪式进行了研究。2011 年，尼克开始攻读博士学位，也是从那时起，他开始研究仪式。

当时，学术界还未发表过任何一篇关于仪式的心理学实证研究论文。他非常奇怪：一个声称了解人类行为基本原理的学科领域，却为何对人们最常见、文化史上最普遍的一种行为几乎只字未提呢？为什么对仪式的研究持续了近百年，却没有任何一门关于仪式的科学呢？

显然，研究仪式的时机已经成熟。尼克决定投身于仪式心理学（以及仪式科学）的研究之中。他开始分析现有的仪式，特别是集体仪式的工作原理。他开始研究仪式是如何在集体中运行的，又是如何把人们凝聚在一起的，同时又是用哪种偏见"蒙蔽"了人们的。此后，他又研究了个人仪式和集体仪式对人的心理和神经系统的影响。

尼克在工作中运用的仪式

有趣的是，最初开始研究仪式时，尼克下定决心一定不参与任何仪式。

作为一名具有超理性思维方式的科学家，尼克一开始认为仪式非常不理性。但是几年之后，他的观点发生了改变。正如学者们一贯认为的，仅凭没有展现出直接的功效并不能判定仪式毫无意义。事实恰恰相反，正是因为仪式的种种非理性，它们才在生活中占据了如此重要的地位。他的个人经历与研究结果一致：仪式越丰富越好。

在尼克的日常工作中，这一点也得到了验证。他开始在团队内部实施一些小型的仪式进行公司文化和价值观建设。他的团队成员平时都是远程协作，这意味着他们只能利用数字化手段实施仪式，这颇具挑战性。

"你必须具有创造性。我们设计的其中一个仪式叫作虚拟茶水间。我们每周会留出一定的时间闲聊。这个仪式有两个规则：第一，你手里必须拿一杯自己喜欢的饮料；第二，你的聊天主题不能与工作有关。"尼克说。

在家工作时，尼克会实施另一项个人仪式。在开始一天的工作之前，他必须把周围整理得井井有条。他面前的窗台上只放着两样东西：右边放着一座颅相学头骨雕像，让它微微倾斜着面对自己；左边放着一台香薰机，里面喷出薄荷味水雾，用来提神。他说："我知道这有点蠢，但是很有效。而且，科学也证实了安慰剂能够改变大脑思考时的状态。"

给希望打造更好的文化内涵的人的几条建议

尽管说起来容易做起来难，尼克还是建议大家创造更多的仪式感。从人类学研究和历史研究来看，最强盛的文化和集体都是深深扎根于仪式的。可以说，仪式就是它们成功的原因。仪式可以缓解大家的焦虑感、帮助人们维持秩序，但最重要的是，仪式能够激励人们围绕一个共同的目标去奋斗。当一群个体变成一个紧密结合的群体，而不只是机械的个体加总时，就会发生所谓的"认同融合"。它是涂尔干式集体意识的迸发，在这种集体意识中，个体超越自我，从一个世俗之辈升华为"圣人"。

基于此，尼克提出了一个疑问：仪式这种复杂的概念是否也能运用到现代社会？在高科技的社会里，我们能否运用仪式实现认同融合和自我升华？他发现，这里所说的仪式可能根本达不到我们在宗教里看到的仪式那种程度。但这或许只是因为宗教已经存在了数千年，而大多数公司只有 10 年左右的寿命。

总而言之，尼克发现，最有效的仪式是自发形成的，并且能够持续下去，逐渐演化为更正式的形式。那些非自发而成的仪式则很可能会失败。因此，管理层如果命令团队去做特定的团队建设仪式，很可能不会成功。更糟糕一点，这样还可能会招致抵制。当人们聚集在一起，因为一个共同的目标或身份团结一致时，仪式就会自然而然地有了生长的"土壤"。

因此，管理者的目标应该是允许仪式（任何仪式）自然地发生和成型。当你开始注意到一项仪式正在萌芽时，你只需要做一件事——确保仪式能够顺利地成型。

对未来工作的期待

尼克对未来工作感到很兴奋，这更多的是一种不安感。他的不安来源于我们已经改变了过去传统的工作方式。随着技术的进步，尼克认为，仪式将成为"老派工作方式"的残余。当下的关注点集中在如何用数字化创新最大化地提升工作效率。问题是，仪式处处体现着低效。

因此，各类组织中进行的仪式可能会越来越少，以此提升员工的工作效率、降低成本。但尼克认为，这不是什么好事：任何缺乏仪式感的组织（无论是工作组织还是其他组织）都缺乏可持续发展的动力。考虑到投入产出比和公司的生死存亡，仪式的好处不言而喻。

PART TWO

50 Rituals for Work

第二部分

工作中常用的 50 项仪式

3

Creativity and Innovation Rituals

第三章

激发创造力与创新精神的仪式

当人们打破常规，想到出人意料的点子时，创造力和创新性就诞生了。仪式为人们提供了一个环境，在这个环境中，人们可以切换到一种创造性的思维模式，打破常规。仪式还可以激发团队的冒险精神。

在什么情况下使用创造力仪式

个人

+ 激活右脑

+ 挽救失败的项目

+ 快速开展计划

团队

+ 激发横向思维

+ 允许冒险和失败

+ 团队思想建设

+ 帮助遇到困难的同事梳理问题

组织

+ 为反复出现的问题找到解决方案

+ 打造勤于思考、稳中求变的公司文化

+ 鼓励每个人分享自己的技能

10 项激发创造力与创新精神的仪式

1. 日常绘画

在着手创造性工作之前，先激发右脑

2. "僵尸花园"

让失败的项目起死回生

3. 创意派对

庆祝创意的诞生，鼓励组织形成创意性思考的文化

4. 解决问题马拉松

针对公司中反复出现的问题提出解决方案

5. 设计疯狂填词游戏

拓展团队成员的想象力

6. 失败守夜派对

庆祝失败，允许大家为创意冒险

7. 惊喜之旅

走出办公室 + 与身边的人互动，建立同理心

8. 超现实主义肖像

通过接龙游戏激发团队成员的合作精神

9. 礼物交换

通过创造一些微小且重要的时刻启动一个创造性的会议

10. 技能分享会

每个人都分享一下自己的秘密绝技

日常绘画
在着手创造性工作之前，先激活右脑

1. 日常绘画

使用场景

这项仪式在着手创造性工作或其他任何一种严肃的工作之前，需要激活右脑时使用。

适用对象

这项仪式最好一个人独立完成，这样可以消除由工作带来的压力。当然，团队成员也可以同时进行。

准备道具

+ 纸
+ 笔
+ 计时器

难度等级

这是一项简单的仪式，但是要准备好道具并规划好场景。比如，每天早上在自己的面前摆上白纸和笔。

仪式简介

一坐到办公桌前，你就拿出一张卡片或一个笔记本，然后花 1 分钟的时间随意描画，可以画一画接下来要做的事情或正在思考的事情，也可以随便勾勒几笔。唯一的规则是必须动手画，而且必须画够 1 分钟——不多也不少。

与其一到公司就坐到办公桌前进入工作状态和埋头处理电子邮件，不如通过这项仪式进行一个小小的创造性挑战，开始一天的工作。如果每天都这样做，这项仪式就会成为一种激发创造力的低门槛活动，甚至都不需要太多的思考或计划。

如何操作

"日常绘画"的目标是帮助你在面对创造性工作时放松心态。这套仪式的规则意味着你必须画点什么，而且必须画得很快。不一定要画得多好，但是一定要动手画。这项仪式不会要求你拥有过高的绘画水平，并且有助于你更轻松地开始创造性工作。

你可以自由地决定这些画的结局：你可以把它挂在一块能任意拼接的画板上，在它的基础上衍生出更多的画作；也可以夹在笔记本里、放进抽屉、与别人分享甚至撕掉。这幅画除了唤醒你的创造力，并不一定必须有其他用途。

如何应用

在斯坦福大学设计学院，在上课之前，大家通常都会做这样一个"日常绘画"仪式。每个人都在自己的卡片上勾勒出想画的，然后将其贴在同一块白板上。这项仪式能够让整个团队变得富有创造力：无论上一堂课做了什么或刚做了什么活动，都能通过这项仪式迅速地切换到设计思维。

另一种类型的"日常绘画"是"页面中心"绘图，可用于设置日程。设计师爱塞·伯赛儿（拥有超过 20 年的获奖产品设计经历）每天早上都会做这样的仪式，帮助自己集中精力开始工作。这项仪式有助于调节每天开始工作时的恐惧情绪，消除大脑一片空白的情况——当然也是从画画开始的。她会在空白页的中间部分写下她想要思考或研究的核心事项；围绕核心事项，随手进行一些涂鸦，勾勒一些思维导图，随便在周围写点什么。这些涂鸦看起来有些莫名其妙，但能够帮助她思考到底要解决什么事情，以及接下来的一天要做些什么。

清晨绘画仪式

"日常绘画"的另一种形式叫作"清晨绘画仪式"。这也是爱塞·伯赛儿在早上练习绘画仪式时演变而来的。

即使你没有早起的习惯，你也完全可以在彻底清醒之前为自己举行一个创造性的仪式。

把起床闹钟调早两小时，为自己准备一点简餐——咖啡、茶、饼干……只要你喜欢都可以。吃点简餐，然后回到你的创作空间，无论书房还是画室。在你的大脑开始转起来之前，在你的自我意识开始发作、让你感到焦虑或后悔之前，开始画画或者写点什么东西，投入创造性的工作中去。"清晨绘画"的目的是用一个小的、深度思考型的、具有创造性的活动提升一天的活力。这项仪式可以减轻压力，让你进入"心流"的状态。

半流产状态项目的"墓地"

团队里任何无法推进落地的创意都可以写在卡片上，钉在"墓地墙"上。

"僵尸花园"

如果你希望将项目起死回生，就把卡片挪到"僵尸花园"。

急诊室导航仪

一旦开始实施项目，就要往"僵尸花园"中放一盆植物，把卡片埋在这盆植物的土里，以项目的名字为这盆植物命名。

"僵尸花园"
让失败的项目起死回生

2. "僵尸花园"

使用场景

这项仪式在挽救(或扼杀)公司中半流产状态的项目时使用,因为这些累赘会打击团队成员的积极性。

适用对象

这是一项组织型仪式,团队也可以在自己的项目中运用。

准备道具

+ 一面墙或一块画布
+ 卡片
+ 植物

难度等级

中等难度,需要准备一个特定的空间和照料花园所需的基础设备。

仪式简介

"僵尸花园"适用于冗积了过多半流产状态项目的公司。这项仪式旨在将这些"僵尸项目"在"墓地墙"上直观地展示出来,激励团队成员为之采取行动。如果团队成员选择挽救某个项目,就将这个项目重新提上日程,那么这个项目就会被挪到"僵尸花园"里。反之,如果某个项目始终无人问津,就会被正式叫停,所有人的注意力将转移到其他项目上。

"僵尸花园"可以帮助人们在一堆旧项目中分辨出那些值得坚持下去的项目,将那些看上去难以取舍的项目直观地展现出来,推动人们做出决定。这项仪式可以帮助企业明确地把有限的资源投入正确的地方。

如何操作

在工作中,半流产的项目随处可见。随着团队的精简或壮大,以及市场的收缩或扩张,项目优先级也会发生变化。编程马拉松 [1] 创造了大量不成熟的新项目。当项目停滞不前时，人们往往会产生一种沮丧的感觉，因为他们的工作没有得到回报，也没有取得进展。

公司可以搭建一个"僵尸花园"，用它处理这些半荒废或半流产的项目。"僵尸花园"可以帮助组织识别已经开展的工作，即使这些工作还没有完全完成。这项仪式可以终结那些失败的项目，并帮助团队利用那些有潜力的旧项目，发现新的机会。

- 将一面墙设定为"墓地墙"，任何人都可以在这面墙上贴上自己认为是"僵尸"的项目——几乎处于半流产状态，问题没有得到解决，但有重新运作的可能性的项目。
- 在墙的旁边设置一个摆着花盆的"僵尸花园"，花盆里插上小夹子。如果有人想重启某个"僵尸项目"，就从"墓地墙"上取下这张卡，签上名，然后把它夹在花盆里。
- 如果人们解决了这个项目，就需要在花盆里种上一棵植物；然后将卡片撕碎，撒在植物的泥土里；最后将这棵植物留在花园里，并以项目的名字为它命名。
- 一个月内无人认领的所有项目卡都将被正式"宣告死亡"，并被从墙上移除。

---

[1] 编程马拉松是一个流传于黑客（hacker）当中的新词汇。编程马拉松是一种活动。在该活动中，电脑程序员以及其他与软件发展相关的人员，如图形设计师、界面设计师与项目经理，相聚在一起，以紧密合作的形式进行某项软件项目。编程马拉松的精髓在于：很多人，在一段特定的时间内，相聚在一起，以他们想要的方式，去做他们想做的事情——整个编程的过程几乎没有任何限制或方向。——编者注

创意派对

庆祝创意的诞生，鼓励组织形成创意性思考的文化

3. 创意派对

使用场景

这项仪式用于庆祝团队的创新精神，以及在需要推进的工作上获得更多成员的投入。

适用对象

应该邀请组织中的所有成员参加，团队成员可以作为"主持人"陈述自己的工作。

准备道具

+ 泡沫板或贴着视觉资料的空白展示墙
+ 投票用纸，用于统计投票

难度等级

这是一项中等难度、需要一定成本的仪式。为了顺利地开展这项仪式，并展示良好的视觉效果，需要提前做一些准备。

仪式简介

"创意派对"用于庆祝工作坊或其他创意会议的圆满结束。这项仪式可以通过轻量级的活动调动组织的其他成员参与创造性工作。"创意派对"应该在创意会议结束之后马上进行。在"创意派对"上，会议产出的工作成果会展示出来，就像画展一样。团队成员的创意和意见会在泡沫板或墙上进行展示。其他人则受邀参加活动，拿着饮料和小吃随意观看。他们可以提出问题，写下评论，然后将这些评论列出优先级，决定哪些评论应该予以采纳。

这项仪式的目的是认可团队成员的努力工作，在推进工作之前，吸取其他人的专业知识，进一步完善自己的创意。

如何操作

你是否也曾参与非常周密的项目工作坊，但为了让组织内的其他成员欣赏你的工作成果而煞费苦心？除了幻灯片、报告或电子邮件，"创意派对"也是一种展示创造性工作成果的方式。它既是鸡尾酒会，又带有博物馆展览和创意竞赛的色彩。

- 当一场创意会议结束时，每个团队都要负责将自己的成果制作成海报陈列出来。

- 整个组织（以及外部人员）都要受邀参加，花 1 小时吃点小吃、喝点饮料、发表一些有趣的想法。

- 主持人开场时，首先要对团队的辛勤工作表示敬意，并阐述会议的目标。

- 主持人宣布一个惊喜：得票最多的海报将获得一个特别奖励。

- 让每个人都轻松地参与进来——在最后 10 分钟的时候，提醒大家别忘了投票。

- 统计得票结果，得票最高的团队将获得奖品，如一包礼物、项目资金或其他东西。

- 派对结束后，让海报多展示一段时间，以增加曝光率和扩大影响力，可以将它们一直挂在大厅里，直到举行下一场创意派对时再换掉。

如何应用

一些公司也在用概念海报的形式做类似的活动。例如，亚马逊的团队把创意做成了"封面故事"——早期的创意会被做成杂志封面。这可以激发公司成员对粗略创意的兴趣，并有助于进一步明晰这些创意。创意派对的海报也可以做成这样的杂志封面。

位于帕洛阿托（Palo Alto）的科技公司红板报（Flipboard）则举办了"模拟时钟"活动。

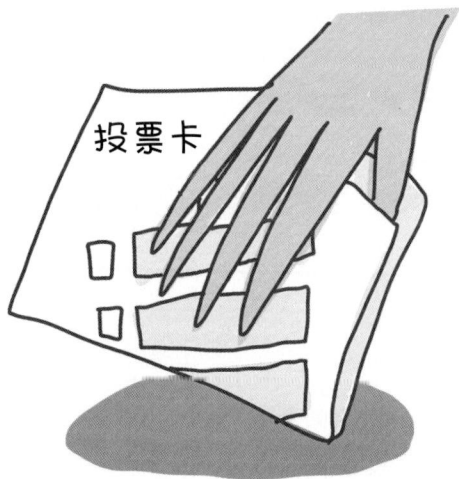

在这个活动上，它们会分享一些产品原型和概念，类似于对正在开发的东西进行展示和讲解。这项低调的活动以互动的形式分享创意。"模拟时钟"并不需要任何预算，这意味着公司内的分享活动可以更加频繁。

"创意派对"仪式也可以应用于会议，因为人们已经厌倦了坐着看幻灯片演示的会议形式。所有演讲者可以制作一个泡沫板，而不是坐在会议室的桌子旁翻着幻灯片。参与者则可以随意观看，围绕这些创意进行讨论，并按照自己的想法理解这些创意。这样做可以创造一个更具沉浸感的分享创意的环境，或许可以防止人们因为坐着看幻灯片而昏昏欲睡，导致错过了好创意。

解决问题马拉松
针对公司中反复出现的问题提出解决方案

4. 解决问题马拉松

使用场景

这项仪式在产品或服务反复出现同样的问题却得不到解决时使用。

适用对象

组织中的每个人都应该参与这项仪式。

准备道具

+ 笔
+ 纸
+ 便利贴
+ 食物
+ 需要解决的问题
+ 奖品（如果有）

难度等级

这是一项中等难度的仪式，计划和组织需要一定的成本。组织者需要协调各个团队，并且需要申请经费用来准备美食。

仪式简介

如果组织内部已经围绕一个问题讨论了很长一段时间，却始终悬而未果，那么"解决问题马拉松"这项仪式可以帮助你集中精力解决问题。这项仪式拥有像编程马拉松一样的强度——让人们集中精力、火力全开，最终形成突破性的解决方案。

在"解决问题马拉松"仪式中，整个组织的成员聚集在一起想办法，直到问题得到解决。不同职能部门的成员一起工作，所有人都同时专注于同一项任务——地理空间等障碍不再成为降低工作效率的因素。

这项仪式需要严格按照规定的时间进行。这会让每一个人都感受到压力，迫使他们专心地解决问题。

如何操作

"解决问题马拉松"就像阿米什人的谷仓搭建仪式一样，整个族群一起干活，很快就能完成一项艰巨的任务。要是只有一个人干，可能要花费几个月的时间。

- 选择一个明确的、必须在这次"解决问题马拉松"中解决的问题。组织者可以事先在同事中进行调查，以确定应该解决哪些问题或完成怎样的突破。如果组织规模较大，可以多设定几个目标。例如，可以是帮助表现不佳的产品团队解决客户反复抱怨的问题，也可以是为非营利组织提供免费帮助。
- 将"解决问题马拉松"的具体日期和时间以及目标通知给组织中的所有人。组织成员可以提前准备，了解需要解决的问题，并思考在这个过程中自己能够贡献什么样的力量。组织中的每个人都必须安排好自己的日程——"解决问题马拉松"是必须参加的，应该排在优先级的第一位。
- 仪式举行当天，组织者可以进行团队分配，安排那些通常独自工作的成员加入团队。组织者还需要设置计时器，通过定时检查、成果分享以及引导大家在剩余的时间内完成任务，保证所有团队不出岔子。
- 这项仪式需要保证充足的空间用来摆放大量的食物和饮料。在这个过程中，可以设置一定的休息时间，让大家活动活动、玩玩游戏、看看别人的成果。人们也可以中途离开，但是主持人需要鼓励大家全员到场，全身心地投入。
- 随着"解决问题马拉松"接近尾声，主持人要开始倒计时，把活动推向高潮。
- 所有团队需要分享自己的工作成果。理想情况下，最好庆祝一下问题已经得到解决。

如何应用

同样的方法也可以用于不同的目的——让整个组织的人集中起来挖掘新创意。

Facebook 会定期举办"编程马拉松"活动，各个团队会花 24 小时做一些平常不会做的事。从实习生到高级员工，任何人都可以组建一个团队玩点新花样。每个团队最后的成果会展示给管理层，如果他们开发的原型得到赏识，这些原型就有机会被纳入公司的主要产品线。

红板报公司每年都会组织一次名为"模拟现实马拉松"（Mockathon）的活动。[23] 这是他们的实习生需要参加的一个活动。具体形式是，每个团队都可以任选一个项目集中精力攻克。这个活动更多的是以小团队的形式解决一些重要问题，而不是解决公司范围内的大问题。

这项活动是红板报公司实习生在实习期结束前做的最后一件事，这将是一次难忘的经历。每个人都可以决定自己的团队叫什么名字，也可以书写自己的工作原则。在这疯狂的几十个小时中，团队成员要团结一致地做出一些新东西，所有人都紧密地联系在一起。其间，人们会带着睡袋和帐篷在办公室里安营扎寨，足不出户地工作将近 24 小时。组织者则带着扩音器到处巡视，提醒参赛者倒计时，鼓励大家做最后冲刺。最后，每个团队有两分钟的时间分享成果，获胜的队伍将获得奖金和奖品。

设计一种由某种物质构成的新产品、新创意，其中包含任何元素，表达某种情绪。

设计疯狂填词游戏
拓展团队成员的想象力

5. 设计疯狂填词游戏

使用场景

这项仪式在团队每天都在做一些常规工作，需要将工作模式切换为创造性工作时使用。

适用对象

这是一项适合小组内部进行的仪式，也可以在整个公司中进行这项仪式。

准备道具

+ 笔
+ 纸
+ 便利贴

难度等级

这是一种低成本、无须太多策划的仪式，只需要团队成员的认可，确保能够顺利进行即可。

仪式简介

"设计疯狂填词"是一个快节奏的游戏。在这个游戏中，团队需要发挥想象力，创造出不可思议的东西。在这项仪式中，团队成员需要集中在一起，然后从一堆卡片或一顶帽子中随机抽取单词卡，将一个不完整的"疯狂填词"模板填充完整。

这是一个天马行空的设计构思过程，可用于创造新的实体或数字产品。团队成员必须一起构建、绘制或模拟出这个新的玩意儿。大家会有 4 分钟的时间做出点什么东西，然后回过头来用一组新的单词激发灵感，最终做出新的产品。

设计一种由某种物质构成的新产品、新创意，其中包含任何元素，表达某种情绪。

如何操作

很多人在小时候就玩过疯狂填词游戏，所以很容易就能把它应用于设计。这样做的目的是让团队以一种轻松甚至有

些荒谬的方式进行思考和想象，这样团队成员就不会那么拘谨，更不用担心自己的想法不被他人接受。

- 需要一名主持人介绍规则，并协助小组快速推进整个仪式。主持人需要分发"疯狂填词"模板，然后督促团队填完。
- 小组成员需要在第一轮选择卡片，然后将它们填入模板中。
- 接下来进行头脑风暴，把想法大致勾勒出来。
- 将以上过程重复 4 次，第四轮过后进行分享。

在"疯狂填词游戏"过程中产生的概念，既可以为项目计划或项目构思提供基础，也可以纯粹以好玩为目的。主持人可以规定需要"产出"什么——草图、故事梗概图片或一段短剧；然后将这些创意在团队中进行展示，引发进一步的讨论，同时检验这种创造性、趣味性工作是否可行。

团队还可以有意地选择那些与他们正在从事的领域相关的提示词。例如，麻省理工学院媒体实验室（MIT Media Lab）有一个设计类的提示词库，其中包含手工艺、创意、体验、产品特性、传媒等领域常用的词汇。[24] 我们的项目——仪式设计实验室（Ritual Design Lab）做了一个应用程序 IdeaPop，其中搭载了一个职场体验设计类的提示词库，包括短语、语境和其他道具，用来激发新仪式的设计灵感。[25]

需要特别强调的是，如果你想用这项仪式激发一个项目的新创意，那么你必须花时间去整埋团队需要用到的提示词。

失败守夜派对
庆祝失败，允许大家为创意冒险

6. 失败守夜派对

使用场景

当团队在一次尝试中失败时使用这项仪式。

适用对象

这是一项组织型仪式，也可以缩减参加人数，只在团队内部或跨职能团队中进行。

准备道具

+ 将项目介绍及其实施步骤说明制作成海报
+ 准备一些甜点，营造出轻松的氛围

难度等级

这是一项中等难度的仪式。组织者需要协调好开展仪式需要用到的空间、食物、饮料，并安排团队做一些演示。

仪式简介

"失败守夜派对"的目的是庆祝团队在进行尝试后遭遇失败。这项仪式旨在鼓励团队敢于冒险，并为这次失败画上一个句号。团队成员聚在一起，享受美食和音乐。管理层可以对已经发生的事情进行简要总结，对所有的团队成员表示感谢，并提醒他们失败没有什么大不了——鼓励团队成员勇于尝试新事物。制药公司通常会举行这类仪式，让员工在经常面临失败的环境中保持积极向上的心态。[26]

这项仪式就像一场为逝者举行的守夜派对。在这场派对中，大家聚在一起享受美食和音乐。团队成员可以利用这项仪式平复失败后的沮丧情绪，领导层则可以通过这项仪式强化组织的核心价值观。

如何操作

当一个项目在很大程度上已经失败时，就可以举行"失败守夜派对"：可能是一行新代码搞垮了整个网站，也可能是公司的一个新项目没有实现预期目标而被迫终止。这种失败既可能是可以挽救的失误，也可能是无法挽回的、让多年的心血毁于一旦的致命打击。

- "失败守夜派对"需要大家亲自参与，尽管这项仪式尊重失败的事实，但依然洋溢着欢乐的气氛。所有为项目做出贡献的团队成员都应受邀参加，如果他们愿意，可以给他们一个发言的机会。
- 团队负责人需要准备一段类似于悼词的发言，对项目的生命周期进行总结，并对每个人的辛勤工作表示感谢。
- 负责人还需要在讲话中表明，尽管失败了，但团队成员仍应敢于冒险、大胆地尝试——这种失败并不可耻，不应该成为更多创新的绊脚石。

制药公司罗氏（Roche）会在原本被看好的药物临床试验失败后为团队举办香槟午餐派对。[27] 它的目的就是保持团队的创造力和创新精神，即使失败了也不例外。庆祝活动可以帮助人们接受一个项目的终结，并给领导一个机会表达支持和赞赏。乐观地讲，即使在一个项目失败率很高的行业中工作，"失败守夜派对"也能让员工保持全身心投入的状态。

"失败守夜派对"可以衍生为更小型的失败庆祝活动。例如，在日常工作中发生了一点小小的错误，团队可以用几分钟庆祝一下——欢呼、吃一颗特殊的糖果或者发放一份礼物。这个举动其实是在向员工表示，当你尝试把事情做得更好时，失败是可以接受的。

惊喜之旅

走出办公室＋与身边的人互动，建立同理心

7. 惊喜之旅

使用场景

这项仪式在你需要用更强的用户同理心说服领导并找到创新的灵感时使用。

适用对象

这是一项组织型仪式，也可以缩减参加人数，只在团队内部或跨职能团队中进行。

准备道具

+ 旅游路线
+ 通信应用程序

难度等级

这是一个高成本、需要精心策划的仪式。在策划过程中，需要协调参与者，并申请预算。

仪式简介

"惊喜之旅"仪式一般会突然打断工作计划，让领导者暂时离开办公室或会议室，亲自去一线考察。他们需要把预先设想的计划抛在一边，花一整天的时间倾听项目受众的反馈，观察和注意项目受众的行为。这项仪式可以帮助人们深度建立同理心，激发创造力。

组织者需要将这项仪式当作一个惊喜派对安排——团队成员提前并不知情，要让他们以为这一天和往常没有什么区别；然后突然告知他们，要花一整天的时间跟踪客户或当一天的一线员工。

"惊喜之旅"既有象征意义，也有实用价值。花一整天的时间去倾听和观察客户会让团队成员认识到强化同理心的重要性。面对面的体验则可以让领导者专注于解决特定的问题，并亲身体会其他人的感受，从而更好地推动工作顺利进行。

如何操作

"惊喜之旅"就像惊喜派对一样，需要下功夫策划。主持人需要假装安排一项活动，让团队成员参加，然后在当天告诉他们事先计划好的、真正要做的事情，给他们一个惊喜。比如，花一段时间与工作人员或客户待在一起，或者在特定场景中充当一名工作人员或扮演一位客户。

团队成员不应该被告知要去哪里，也不应该在"惊喜之旅"中被设定特定的"任务"。在这个过程中，让他们惊奇地发现现实与自己的想象有所差异，不管发生什么都要接受，并把所有细节都记录下来，以便以后能更好地理解才是最重要的。这是一项突发的活动，不要让团队成员有所察觉并预先准备。团队成员必须适应现场环境，而不是让环境适应自己的想法。

在"惊喜之旅"的最后，团队领导者应该感谢所有被观察的人，送给他们一些小礼物，感谢他们把自己的生活完全展现在团队面前。在返回办公室的路上，团队领导者可以做一个汇报——画画草图，写写想法，回顾这一天的感受，为未来的工作奠定基础。

如何应用

这项仪式可以衍生出很多不同的版本。例如，一家公司的首席执行官让他的高管团队乘坐私人飞机去见一位客户，这位客户对公司的服务非常不满。高管团队必须直接与这位客户打交道，

从她的角度出发审视公司目前的服务有什么问题，并直接与她进行沟通（而不是纸上谈兵、夸夸其谈）。

又如，拉丁美洲公司 Haceb 的首席执行官（公司详情见下一页）强制要求管理团队与本公司卡车司机一起进行一段旅程，亲身体验卡车司机的困境。这是为了给领导者一个完全不同的观察问题的视角。

在 Zappos 公司，作为新员工培训的一部分，所有新员工都要参与另一种类型的"惊喜之旅"。当新员工进入公司时，他们需要在最初的几周承担一线客服的角色，接听客户的电话。这给了所有新员工一个很好的、建立客户同理心的机会，亲自观察客户的需求是什么、客户想要什么。无论他们日后处在什么岗位上，都需要与客户和同事保持直接的联系。

公司里可能已经在举行"惊喜之旅"了——设计师和研究人员一起走出办公室，去一线建立一种同理心思维模式。这项仪式拥有惊人的力量，它让整个组织的成员了解彼此如何工作，以及他们的工作如何影响客户。它可以增强人们的使命感，为将来的创新指出方向。

西普利亚诺·洛佩兹（Cipriano Lopez）

Haceb 首席执行官

对仪式的探讨

　　西普利亚诺是哥伦比亚家用电器公司 Haceb 的首席执行官。他曾经利用"旅行"仪式帮助他的团队更好地了解客户的生活和场景，并保持以客户为中心的工作原则。

　　Haceb 公司曾经历了一整年的销售低迷状态，在此之后，西普利亚诺便萌生了"旅行"的想法，于是他开始亲自去商店拜访顾客。他最初的想法是建立一种以更快的方式处理问题的机制，保证客户参与到处理问题的过程中，而不是仅仅在最后得到一个结果。然而，这个想法并没有传达到团队成员当中——情况并没有得到转变。这让他意识到，他需要一种策略，这种策略可以将高管、一线运营人员和终端用户连接起来。

　　因此，他从管理层团队会议形式开始尝试。西普利亚诺和团队用一次特别的公路旅行代替了他们的季度会议。现在，他和整个管理团队不再待在会议室里，而是一起上路，驱车前往各个城市，与现场员工和客户见面，了解他们的实际情况。他说，如果没有这些"旅行"，工作文化根本不会改变；自从他们开始一起去实地考察之后，工作文化发生了奇迹般的变化。

　　在组织这些"旅行"时，西普利亚诺和同事们不会经历烦琐的过程——一切都是在 WhatsApp 群组中协调好的。他们早上 5 点起床，有时会开车去五六个小镇考察，与客户和销售人员交流。他们会品尝当地的食物，参加一些社交活动。西普利亚诺认为，这个过程足够有趣、有吸引力是非常重要的。当外勤员工看到整个管理团队站在门前时，他们对企业文化的看法就会发生改变，这打破了管理团队和普通员工的隔阂。

影响和收获

实地考察有效地化解了各部门之间的误解。当高管们深入工作一线，与销售人员一起开车上班，帮他们搬运冰箱、修理电器时，销售人员和管理层对彼此的偏见就发生了改变。例如，之前一线员工会觉得管理人员都不想弄脏自己的手。西普利亚诺注意到这种做法减少了沟通的障碍，使公司管理趋于扁平化，并使每个人都意识到大家拥有共同的目标。

在一次旅行中，公司还挖掘出了一项新的服务。那次实地考察让他的团队意识到，有些产品很难找到零部件，以致等待的时间长得令人无法忍受。现在他们上线了一个新的即时工具服务程序，用它解决这个问题。

现在，这家公司新入职的经理也需要参加这项实地考察活动。经理们的工作从实地考察开始：他们会乘坐送货卡车去见客户；他们也会上门拜访自己的下属，与下属沟通实际状况。

为更好的圈子和文化而努力

西普利亚诺认为，"旅行"仪式是可复制的，但它必须是真实的需求。比如，当他开始"旅行"的时候，是因为他喜欢外出旅行。他过去常常背包旅行，在旅途中与人聊天，这成了他的习惯。但不是每个人都能做到。因此，你必须让你的团队做好准备。这项活动的组织者必须帮助团队适应这个过程，并挖掘他们自己的动机。远离电子邮件、会议和智能手机是很有趣的。换个角度看问题是件好事。

这其中关键的一点是，参加"旅行"的成员应该是一个稳定的小团队，这个团队中的成员需要具有不同的背景和特征。他们必须认识到自己既是在工作，也是在旅行，并享受这个过程。团队还需要准备好倾听拜访对象的意见。通常，销售人员和一线员工会很高兴接受拜访，他们会诚实地分享这家公司的优点和缺点。这意味着，高管们应该做好承担责任的准备，并做出日后必须履行的承诺。与一线工作人员和客户进行创造性的互动是值得好好计划的一件事。

西普利亚诺说，每家公司都需要形成自己举行仪式的方式。你可以借鉴一些基本的概念，然后找出你要解决的痛点和适用的方法。同样重要的是，在正常推进活动的过程中，你一定要保持谦逊的态度——放下控制欲，同时创造一个允许人们冒险、灵活应对问题和发现创造性机遇的环境。

超现实主义肖像
通过接龙游戏激发团队成员的合作精神

8. 超现实主义肖像

使用场景

这项仪式在你需要激发团队合作精神、进行思想建设时使用，或者在创意会议的开始时进行。

适用对象

这是一项团队仪式，一般用于开会前或开始工作前的热场。

准备道具

+ 笔
+ 纸
+ 计时器

难度等级

这是一项低成本、无须太多策划的仪式，只需要准备好纸和笔，会议开始前 10 分钟即可完成。

仪式简介

"超现实主义肖像"是一种团队接龙仪式，团队成员将合作完成一些创造性的工作。这项仪式来源于超现实主义者玩的一种室内游戏——"随即接龙"（Exquisite Corpse）。在这项游戏中，艺术家们会把完成了一半的短语和图片传递给其他人，其他人需要一步步将这些句子或图片填充完整。

在这项游戏仪式中，每个人都从一张白纸开始：他们先画出团队成员的部分肖像，然后把这幅画传给其他团队成员完成。第一个人画出头发，第二个人加上眼睛，第三个人加上鼻子和嘴唇，第四个人加上下巴和肩膀。

这项仪式的目的是让团队以一种简短而有趣的方式围绕一个创造性的项目进行合作，为彼此创造一些个性化的东西。这项仪式会促使大家思考如何将自己的风格融入其中，并推动人们密切关注其他团队成员。

如何操作

在正式开会前，先来一场"肖像活动"吧——让团队成员快速地进入合作状态。

- 每个人拿一张纸，把它折成 4 块，并在纸上写上自己的名字。
- 把纸依次传给下一个人，每个人画出其中的一部分肖像。
- 第一个人画肖像的上半部，下一个人画第二部分，依此类推，直到每个人的肖像画都已完成。
- 将已完成的肖像进行扫描，可以把几幅画拼在一起作为团队集体肖像，最后制成海报或团队介绍。

如何应用

"超现实主义肖像"仪式可以衍生出很多不同的版本。如果你和一大群互不相识的人在一起，你想把他们召集到一起进行头脑风暴，就可以让每个人先给其他人画一幅肖像。大约 20 秒后，你可以通知大家"换人"，让他们把手里的画递给另一个人。接到画的人可以继续用 30 秒的时间补充这幅画，然后再通知大家"换人"，接到画的第三个人要画完这幅画。这有助于创造一个有趣、轻松的环境，让大家开始相互信任。

另一个版本可以用于激发团队的创造力。在这项仪式中，小组里的每个人都把纸折成 3 块。在第一轮中，团队成员写下一个创意并将其传递给下一个人。第二个人评估这个创意，然后在第二部分写下为什么这个想法行不通。第三个人了解创意和评论，并写下如何在第二个评论的基础上改进想法，使其可行。在这个练习中，收到了批评和改进意见的初始想法，将不再是某个人的所有物，而是大家共同的创意。

礼物交换
通过创造一些微小且重要的时刻启动一个创造性的
会议

9. 礼物交换

使用场景

这项仪式在你需要让大家进入一种创造性、建设性的状态时使用。例如，在工作坊开始之前进行这项仪式。

适用对象

这是一项团队仪式，也可以在更大的组织范围内进行。

准备道具

+ 纸
+ 剪刀
+ 胶带
+ 任何其他基础材料

难度等级

这是一项成本和策划难度都比较低的仪式，你只需要准备好供人们使用的基本材料即可。

如何操作

在开始创造性会议之前，开展一场"礼物交换"仪式，让团队成员建立一种慷慨的、从 0 到 1 的创造性精神。这项仪式安排和组织起来非常简单。在房间四周准备好基本的材料：胶带、纸、剪刀、箔纸、夹子和你手边的任何东西。

你可以把大家分成几个小组，然后告诉大家每个小组有 5 分钟的时间为他们右手边的小组制作一份礼物。他们可以使用自己手头上现有的任何材料或者房间内准备的材料。你要鼓励大家做一些让人意想不到或互动性较强的礼物。5 分钟后交换礼物，每个小组依次交换。每个人都要看到礼物交换的过程。每个小组都要进行礼物的展示，获赠的小组则向对方致谢。

这项仪式能够让大家用一些小的、有意义的礼物来表达感激之情，使每个人的内心都能感受到温暖。这项仪式中使用基本材料创造了具有特殊意义的事物，让大家拥有了从 0 到 1 的经验。这样做会扫除团队日后进一步开展创造性工作的一些障碍。

技能分享会
每个人都分享一下自己的秘密绝技

10. 技能分享会

使用场景

这项仪式在你需要激发人们的创造性领导力时使用。

适用对象

这是一项组织型仪式，也可以在团队或部门内部进行。

准备道具

+ 时间表
+ 活动材料
+ 能够代表组织欣赏或认可的道具

难度等级

这是一个需要精心策划、支出一定成本的活动。你需要为这一天的活动协调好时间和资源，并准备材料。

仪式简介

技能分享需要花费一天的时间。在这一天，团队成员不会谈论任何与日常工作相关的问题，只会彼此分享自己的技能。每个人都可以教授其他团队成员自己所擅长的东西：烹饪某道菜、制作某样东西、秀一段舞蹈、制作一个手工艺品或者其他技能。这项活动有点像"非会议"论坛，每个人都可以通过开设自己的主题分享会或参加感兴趣的分享会安排自己一天的议程。

Pinterest 公司围绕自己的核心价值观之一——"编织[①]"发展了这项仪式。他们组织了一个"编织大会"，让所有员工分享他们开发的项目和技能，这样，员工们就可以互相学习，创造新事物。这项活动鼓励员工以"完整的自我"的状态去工作，并鼓励大家在团队成员身上找到隐藏的、与自己产生关联的点——欣赏他们在工作中通常无法分享的才能。[28]

---

① "编织"是 Pinterest 的核心价值观之一，即当人们将两种或两种以上不同的观点联系起来时，就会产生新的创意。——译者注

如何操作

Pinterest 的设计团队创造"编织大会"的灵感来源于其他技能分享类的非会议活动。在这类非会议活动中，开发者、设计师、教师和记者会在各个活动中相互分享他们的知识和技巧。Pinterest 的设计团队为"编织大会"搭建了一个基础框架，然后邀请员工成为"老师"，共同设置这一天的议程和内容。

- 宣布即将举行"技能分享会"，并邀请所有员工成为"老师"，与他人分享他们的绝技。
- 创建一个活动当天的在线日程表，每一个活动时间设置为 20 分钟或 30 分钟。分享给所有的"老师"，让他们各自注册一个活动。
- 在活动当天开始时先做一个热身活动，比如来一场石头剪刀布的比赛，以此帮助每个人融入这个圈子，为接下来的一天奠定基调。
- 活动中心区域的背景板应该列出所有老师的名字以示感谢，并把他们视为整场活动的"英雄"。所有与会者还将获得一个印有老师姓名的手提袋。所有老师都会因为主持一项小活动而得到一份纪念礼品。
- 为当天的技能分享会规划一些社交活动，并准备好丰盛的美食。
- 用拍照或摄像记录这一天，并安排一些互动性的体验，让员工感受到这一天的独特性。
- 可以有一些临时活动（比如棋类比赛），应该由员工决定搞什么活动。

分享的技能可以多种多样：制作波巴茶、跳芭蕾舞、画水彩画、制作洋葱番茄辣酱、转呼啦圈或腌制蔬菜等。这次活动应该让员工充分地展示自己的激情和才华，尤其是要帮助那些性格内向的人主动参与到议程规划当中。

如何应用

Pinterest 的"编织大会"已经举办了好几年，每次都有成千上万的员工参加。这是一场不同寻常的活动，因为组织者必须把控制权交给员工。由于这场活动已经搭好了稳定的基础框架，招募和支持教师主导整个活动也是没有问题的。

参与者最终会以一种不同寻常的方式与他人建立联系，并发现那些在日常工作文化中不会显现出来的隐藏技能（这不是傲慢，也不是自夸）。在活动的最后阶段，人们可能会发现，他们的同事曾是芭蕾舞演员和运动员，或是户外运动的老手，或是身经百战的厨师和艺术家。

参与者对这场活动给予了高度评价，这场活动的支持率从未低于 95%。特别是随着公司规模的发展壮大，人们意识到这场活动使公司文化蒸蒸日上，并强化了公司的核心精神。对很多人来说，这就像"现实生活版的 Pinterest"，人们分享自己的爱好，尝试新的想法，欣赏彼此的技能。

其他公司也可以将为期一天的"技能分享会"调整为一个规模较小的研讨会，在会上，人们可以四处参观，随时随地地分享一项技能，并将其传授给其他与会者。

举办这类活动的一个关键是让分享者享受"英雄"的待遇——让他们处于聚光灯下，关注他们所做的分享，并对他们表示赞赏。

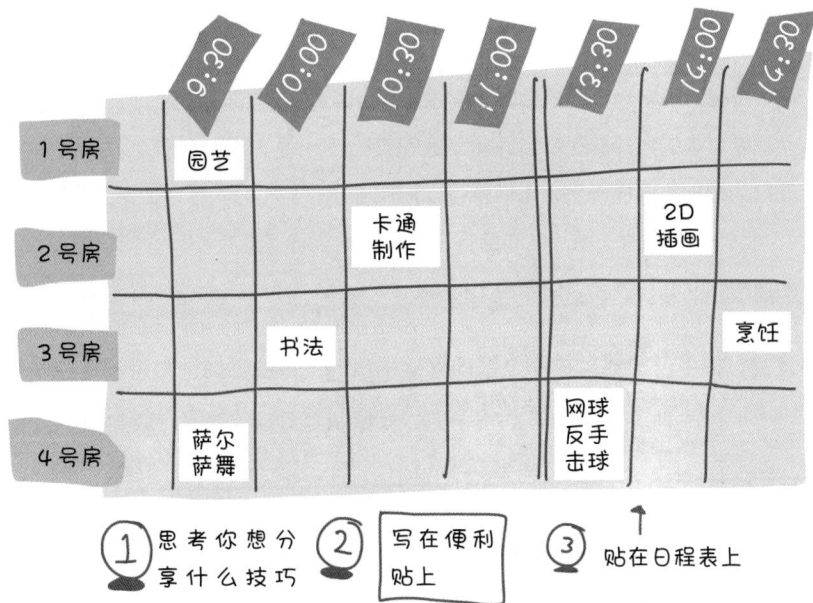

劳拉·迈纳（Laura Miner）

品牌设计师

BuddyBuddy 工作室创始人

对仪式的探讨

劳拉是一名品牌设计师，她对人类行为的研究充满激情。她专注于阐述仪式背后的故事，并制作仪式当中需要使用的物品。

她设计的很多仪式都被应用于圈层建设和倡导性规划。2017 年年初，她设计了一套"爱会赢"（Love Will Win）的海报，这套海报得到了广泛的传播，并激励了成千上万的人加入抗议活动。

她的孩子所在的小学一直不被看好，学校里有一种根深蒂固的风气：明明学校未来有很好的发展前景，身处其中的人却总是妄自菲薄。她想改变这一点。为了达成这个目标，她为学校特别定制了运动衫和纽扣，这样一来，人们就可以把代表学校文化的衣服穿在身上，以示自己是学校的"粉丝"。此外，她还为一场"电动自行车节"活动设计了徽标和标识物，并设计了一些"无车一族"的纽扣和贴纸，鼓励人们绿色出行。

劳拉发现，很多仪式都是在一个基础框架中设计出来的。她认为用设计鼓励新行为非常有效。

收获和影响

在工作节奏快、变化频繁的环境中，比如公司结构重组、遭到误解或遭遇挫折，人与人之间很容易发生摩擦。用团队成员之间的积极互动抵消这种摩擦是非常重要的。每季度进行一次异地办公、团队共进午餐和晚餐、一起找点乐子，诸如此类的事情可能看起来很琐碎无用，但事实恰恰相反。她认为举行这些活动就像给汽车换机油一样。如果不这样做，团队的整体表现就会不好，团队就有可能面临更大的问题。

"技能分享会"背后的故事

　　大约 10 年前，劳拉听说了一个名为"富营"（Foo[①] Campa）的活动，她的生活和工作从此彻底改变了。富营是一场面向技术专家和其他创意人士举办的"非会议"活动，与会者共同设定日程并组织活动，其中包含了大量自发的、临时性的活动。2003 年，奥莱利出版公司（O'Reilly Publishing）的萨拉·文奇（Sara Winge）和蒂姆·奥莱利（Tim O'Reilly）共同举办了这项活动。起初，奥莱利的朋友们只是在公司办公室里临时露营、召开会议，后来这演变成了一场备受推崇的活动，并开始邀请科技界的专家、学者前来交流想法。

　　富营的出现给人们带来了灵感，无数其他类似的活动如雨后春笋般涌现出来，比如面向公众开放的"吧营"（Bar Camp，因编程俚语"foobar"[②] 而得名），这有点像公众版的富营。劳拉设计的很多活动都受到了富营的启发。

　　当劳拉喜欢上富营和非会议的理念时，她并不明白这种由与会者主导的活动或技能分享活动为何如此特别。或许这类活动也没有什么特别之处，只是恰好符合某种规律，这种规律让人们觉得自己被关注，为每个人创造了一个可以放飞想象力的世界，点燃了人们内心的激情。

　　这项活动最终在 Pinterest 生根发芽，劳拉发现 Pinterest 的员工们在这项活动中受益良多：他们有更多的激情而不只是时间的投入，而且他们怀抱着一种虚怀若谷的文化（解读：无法容忍吹牛这种行为）。

　　"编织大会"（参见前文对"技能分享会"的描述）给了教授课程的员工第一次把自己的另一面带到办公室的机会，并让所有员工以一种"Pinterest 线下版"的方式尝试新的事物。

　　劳拉会向其他组织或公司推荐这样的活动吗？当然。在管理活动设计工作室的过程中，她经常鼓励员工设计一些能够帮助人们感到被倾听、帮助人们建立联系、帮助人们摘下面具、使知识民主化的活动。虽然每个活动的细节不同，但其价值是相同的。

---

① Friends of O'Reilly，奥莱利的朋友。

② foobar 经常在计算机编程或计算机相关的文档中被用作占位符。

对未来工作的期待

在第一届"编织大会"上，Pinterest 邀请了一位来自美国宇航局的了不起的演讲者亚当·施特尔茨（Adam Steltzner）。他是一个很酷的科学家，有很多深刻的观点值得分享。但是，在他分享的所有观点中，劳拉最难以忘记的是这一条："在心中描绘一个最美好的未来，每天朝着它努力。"就个人而言，劳拉希望城市里的汽车越来越少、更多的人骑自行车出行，有更多的森林环绕在城市周围，她真的很期待能在这样的世界中生活和工作。

4

Creativity and Innovation Rituals

第四章

提升外在表现
与内在心流的仪式

提升外在表现与内在心流的仪式能够帮助人们应对风险较高的工作环境、缓解焦虑，将注意力集中在实现目标上。在不确定性较高的情况下，比如参加一场大型会议、说服别人或是接受一次考验时，或者在被太多的截止日期逼得喘不过气来的时候，这类仪式可以帮助你创造出一种掌控感。

仪式中会出现很多重复的肢体动作，这有助于进入心流状态、培养自信。此前的研究（见第一章）表明，仪式有助于调节情绪、缓解焦虑、进入心流状态。用仪式的方法工作也可以帮助人们避免分心，从而建立起更有效的工作方式。

在什么情况下使用提升外在表现的仪式

个人

+ 让自己更专注

+ 排除外界干扰，进入深度工作的状态

+ 在高压状态下管理你的情绪

+ 需要创造一种掌控感，增强自信

团队

+ 帮助团队排除干扰因素

+ 将停滞的项目向前推进

+ 明确团队工作的核心目标

组织

+ 剔除团队日程表中的干扰因素

+ 保证每天的工作都有意义

+ 合理分配人员，提高整体表现

10 项提升外在表现与内在心流的仪式

11 注意力之石
让你的注意力具象化

12 热身仪式
在进入高风险环境之前，管理好你的情绪

13 崇敬时刻
在着手一项重大任务之前，明确你的目标

14 盲写
排除干扰创造性工作的因素

15 触摸神奇力量
给自己力量的安慰剂

16 午后飞行模式

为自己创造一个没有任何干扰因素的环境，集中精力工作

17 日常六问

每天提醒自己要专注做的事

18 待办事项堆

欣赏自己已达成的目标

19 周四无声迪斯科

培养内在心流，养成深度工作的习惯

20 搭档关系

团队成员成双成对建立更深厚的联系

目标
目标
目标

注意力之石
让你的注意力具象化

11. 注意力之石

使用场景

这项仪式在你需要集中注意力进入深度工作状态，特别是当截止日期还早，需要完成难度较大的创造性工作时使用。

适用对象

这是一项适用于个人的仪式，也可以设定一个时间段，在团队内部进行。

准备道具

+ 代表注意力的石头（或其他类似的道具）
+ 耳机

难度等级

这是一项成本和策划难度都较低的仪式。

仪式简介

在进行"注意力之石"仪式时，你需要使用一个类似于石头的道具或任何其他小物件作为专注工作的象征。

这是一项非常简单的仪式：把石头放在你的工作室里，说出你想要完成的目标，然后开始你的工作。你可以设定闹钟。操作方式是，在石头放在房间里的这段时间内，你必须保持注意力专注。当时间到了或任务已完成时，你需要感谢石头帮助你保持了专注力，然后把它收起来。

你需要把这块石头看作一种特殊力量的象征。当它在你身边的桌子上时，它会给你能量，帮助你进入"深层心流"，让你忘记周围的世界。你应该只在需要它帮助你的时候使用，这样你就不会觉得它的魔力有所减弱。

如何操作

在进行写作、设计和其他创造性的工作时，"注意力之石"仪式可以帮助你建立一种针对工作的目标感和心态。这项仪式可以帮助你为那些经常容易拖延的短期、浅层次的工作留出一个特别的时间段。这项仪式的功效和在过程中所使用的道具，可以帮助那些有时间要求的人（比如需要完成博士论文的学生）制定必须遵守的规则。

你可以用其他道具代替石头，也许对你来说，这些道具具有更强的象征意义。你也可以用一个魔方专用计时器代替普通的闹钟——魔方专用计时器具有倒计时的功能，便于设定需要保持专注力的时间段。选用石头作为关键道具是我们设计学院仪式课上一名学生设计出来的，他选择石头是因为随时随地都能找到一块石头。

此外，当你进行"注意力之石"仪式时，你可以戴上一副特殊的、色彩明亮的耳机，向你周围的同事或办公室里的其他人发出暗示：我正在进行深度工作，别来打扰我。

用手搓搓脸

接触点

秘密握手

重复一个
特殊单词

重复
重复
重复

抛球

跟着节奏跺脚

热身仪式
在进入高风险环境之前，管理好你的情绪

12. 热身仪式

使用场景

这项仪式在你感到巨大的压力或进入高风险环境时使用，比如面临即兴表演或公开演示。

适用对象

这是一项个人仪式，也可以团队成员一起进行。

准备道具

+ 准备一个关键词、一段歌词或一个物体

难度等级

这是一项低成本、策划难度也较低的仪式。

仪式简介

"热身仪式"是在即将进入高风险场景之前，你要采取的一些小的身体动作。此类仪式来源于运动员在平时训练或比赛开始前的练习。它们通常是一组动作，有时还需要重复一些特殊的词汇——所有这些都是为了让你在面临挑战时进入正确的思维状态，从而保持专注、取得成功，例如销售推介、谈判、高管会议或向一大群人做演示。

研究表明，"热身仪式"可以调节情绪，给人一种控制感。[29] 你需要在仪式之初梳理你的目标，这可以帮助你增强动力和提升信心。

如何操作

从运动员赛前训练到演员的后台热身，生活中可以观察到很多热身的形式。[30]

一个著名的例子是新西兰橄榄球队的"哈卡"仪式。在"哈卡"仪式上，队员们聚集在赛场上，领队会大喊："准备……我们是长毛族……我将死夫，我将死去，我将浴火重生，我将浴火重生。"其他球员跟着他重复同样的口号。这项仪式的目的是激发球员的斗志，增强球队的信心，震慑对手。这项仪式来源于毛利人著名的战舞。在"哈卡"舞中，舞蹈动作和队员们喊出来的话都是在表达愤怒或快乐的情绪。

另一个典型的"热身仪式"是抛球。如果团队即将进行汇报演示，就可以使用这项仪式。团队成员需要把球随机传给另一名队友。

- 一个人指定让大家说出某一类的关键词，类似于"说出一种蓝色食物的名字"。
- 一个人拿起球，喊出一个符合这一类别的关键词，比如"蓝莓"。
- 然后把球随便扔给另一个人，接到球的人必须再举一个例子，比如"蓝树莓棒棒糖"。
- 继续游戏，直到再也举不出例子，或者活动持续 2 分钟以上。

该仪式的目的是让大家放松心情，产生归属感，并帮助团队成员在出场前集中注意力。

爱塞·伯赛儿（Ayse Birsel）

设计师、艺术家、作家

伯赛儿 + 塞克工作室

对仪式的探讨

总的来说，爱塞的工作是通过创造性的解构和重构过程，帮助人们更快速、更轻松地进入自己的创作状态。她严谨的工作流程激发了人们的创造力。人们总是一开始就希望自己能想出绝佳的创意，这会给自己带来巨大的压力，从而产生焦虑情绪。爱塞通过一套流程帮助人们一步一步地完成创意，人们释放了这种压力，缓解了焦虑。

在这套创造性的工作流程中，仪式起到了关键作用。爱塞通过仪式帮助人们进入正确的思维状态，她也把这套流程运用到自己的创作实践中。她是这样进行"日常绘画"这项仪式的：每天花 2~3 分钟的时间快速地画点什么，这使她能克服看到一张空白画纸时产生的恐惧感。（详情参见第三章）

同时，她也会使用仪式帮助客户进行创造性的工作。她借鉴了很多超现实主义室内游戏，如随机接龙（Exquisite Corpse），与客户一起玩画画接龙的游戏。这些画往往会发展成令人惊喜的创意，同时这项仪式起到了"破冰"的作用，让大家一起开怀大笑。

在开会时，爱塞使用的另一项仪式是让人们进行自我介绍，并说出他们当下的情绪是怎样的。无论积极的还是消极的情绪，都可以说出来。人们可以分享他们因堵车导致开会迟到的焦躁，或者他们有多么兴奋，或者他们对下一步要做什么感到彷徨。无论感受到什么样的情绪都可以畅所欲言，这样做的目的是给人们表达自己的空间——释放情绪，放下一切，以便更好地邂逅彼此。

将仪式融入工作的收获

爱塞的收获是，将仪式融入工作中可以帮助你克服恐惧心理。即使你拥有丰富的经验，也难免在做事时会产生一些恐惧心理。仪式会让你克服在做事的过程中产生的过度思考和担忧，直接进入状态。仪式能帮助你忘记那些不好的情绪，勇往直前。

她说："我从我的导帅马歇尔·古德史密斯那里学到了一项仪式，他是世界上顶级的领导力训练导师之一。每次演讲开始时，他都会教我唱《轻歌曼舞好营生》（*There's No Business Like Show Business*）①，尤其是在面对观众之前。现在这已经成为我们的惯例。我会让我的团队成员像足球队或橄榄球队队员一样聚集在一起，在开始演讲之前唱这首歌。这个惯例给了我们力量，提醒我们要活在当下，也为我们搭建了一个发挥商业价值的舞台。仪式会让你变得更无畏。"

对未来工作的憧憬

随着技术的发展，爱塞发现，有很多新的仪式涌现出来。在录音机和磁带出现之前，你不能一边听音乐一边工作。她还记得小时候，父母给她买了一台便携式电视放在她的房间里。她开始一边看电视一边做作业，显然，这种学习方式很糟糕。

以前，她习惯用黑色的派勒笔（Pilot Bravo）在莫林斯基（Moleskine）笔记本上画素描。现在，她戴着专用于平板电脑绘画的黑色手套，在 iPad 上用电子笔画素描。接下来，她可能会把素描转化成 3D 的全息图，让它们悬浮在平板电脑上，这有点像超级英雄电影里的场景。

轻歌
曼舞
好营生

嗨起来吧

---

① 来自玛丽莲·梦露主演的电影《娱乐至上》。——编者注

崇敬时刻
在着手一项重大任务之前，明确你的目标

13. 崇敬时刻

使用场景

这项仪式在团队即将开始一项重大任务或即将开始演讲前使用。

适用对象

这是一项团队型仪式，也适用于个人。

准备道具

+ 准备一个特殊的词汇或一段"碎碎念"

难度等级

这是一项成本和策划难度都较低的仪式。

仪式简介

"崇敬时刻"是一个简短的仪式，在重要活动、会议或演讲前进行。这项仪式来源于哈佛大学医院附属贝斯以色列女执事医疗中心（Beth Israel Deaconess Medical Center，BIDMC）的一个医疗小组的惯例。[31] 在手术开始前，所有的医生、护士和其他工作人员都会停下手中的工作，花一小会儿的时间铭记即将接受手术的患者名字。

这项仪式的目的是确保每个人都铭记人道主义精神。它打破了常规的工作流程，让人们停下来，认识到正在发生的事情有多么重要，对参与其中的每个人心怀感激。这项仪式也能增强每个人的专注力——激发对他人的关怀、对即将要做的事更加留心并激发同理心。

如何操作

以医院为例，在贝斯以色列女执事医疗中心，从准备手术到正式开始手术这一段时间内，整个团队都会参与"崇敬时刻"仪式。

- 在给患者做手术之前，团队成员会在完成术前检查清单后停下手头的工作，以示敬意。

- 巡回护士会提醒每一个人，即将接受手术的患者是谁，这位患者是谁的母亲、父亲、姐妹或兄弟，要体谅患者的感受。
- 每个人在仪式期间都要保持沉默。
- 时间一到，团队成员就可以进行后续的医务工作。

如何应用

"崇敬时刻"也适用于个人。例如，作家克莱·舍基（Clay Shirky）在离开办公桌去开会时会故意停顿一段时间。他会冥想几秒，思考接下来切换到另一个环境中该如何应对。[32]

这项仪式可以帮助个人对周围的人保持同理心，并对工作目标有更长远的思考。它也可以帮助人们顺畅地从一种角色转换到另一种角色。这项仪式可以帮助你集中注意力、建立同理心和团队协作意识，站在更高的维度完成任务。

盲写
排除干扰创造性工作的因素

14. 盲写

使用场景

这项仪式用于写作场景，当你需要集中精力、感知自我意识时使用。

适用对象

这是一项个人仪式，也适用于团队。

准备道具

+ 电脑
+ 文字处理软件
+ 歌单
+ 计时器

难度等级

这是一项成本和策划难度都较低的仪式。

仪式简介

当你需要着手一项大型写作项目时，你可能会觉得自己的专注力、细节洞察力和创造力不足以支撑自己完成任务，在这种情况下，"盲写"就能派上用场。盲写可以让你忘却不知如何下笔的窘迫，这也是进行此类任务时最大的障碍之一。

"盲写"来源于艺术课上的热身活动——一般是临摹房间中的某个物体。在这个过程中，你不能低头看纸，也不能把笔从纸面移开。我们此处进行的仪式是把画画改成写字。这项仪式的重点是让你头脑中的词汇涌现出来，你根本不需要低头看自己到底写了什么。

仪式原理

这项仪式非常简单：你只需准备一台电脑，挑选一些要写的素材，并且能够在开机状态下关掉你的显示器。

• 设置一个 15 分钟的闹钟，打开文字处理软件，然后设置一个大约 5 首歌的音乐播放列表。

- 确保你的鼠标定位在文字处理程序上，这样可以确保你能够正常打字。
- 然后在开机状态下把显示器关掉。你不应该在你的屏幕上看到任何东西。
- 接下来的挑战是：打开音乐和计时器，然后坚持写 15 分钟。
- 在规定的时间内，你必须不停地把正在播放的音乐歌词输入进去。不要想你在写什么，只管移动你的手指打字。这个过程与内容质量无关，只管数量！
- 时间一到，你就可以把屏幕调亮，看看这 15 分钟内打出来的文字能不能用于自己要写的东西之中。剪切、粘贴、保存，然后马不停蹄地开始你的写作以保持心流状态。

这项仪式背后的原理是，只要开始做点什么事情，你就能让自己放松下来，进入创造性心流。在创作过程中，你把追求完美的压力抛在脑后——只需要开始动手，看看会有什么结果，然后在此基础上尽力发挥。

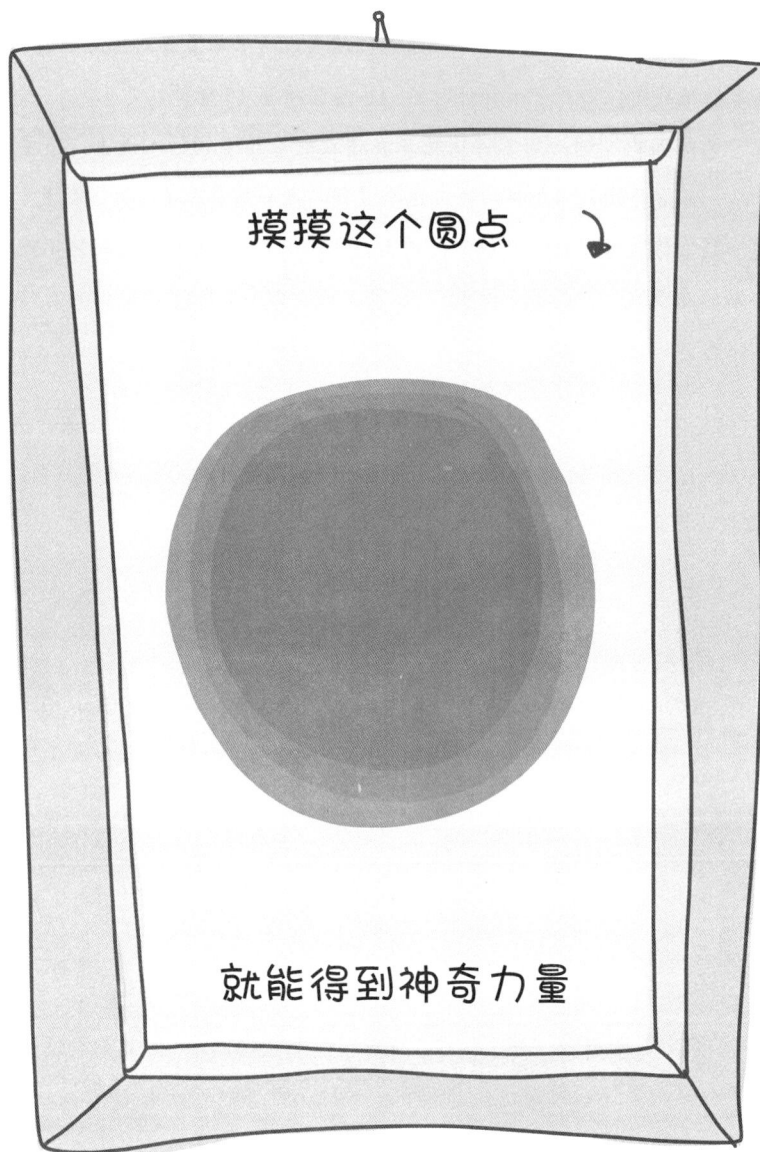

摸摸这个圆点

就能得到神奇力量

触摸神奇力量
给自己力量的安慰剂

15. 触摸神奇力量

使用场景

这项仪式在工作环境中创造一个能够帮助人们恢复元气、找回自信的力量源泉时使用。

适用对象

这是一项组织型仪式，也适用于个人和团队。

准备道具

+ 可供触碰的按钮
+ 一块印有一个按钮的画布

难度等级

这是一项成本和策划难度都较低的仪式。

仪式简介

"触摸神奇力量"是一项简单的仪式，它是一种在组织内部具有象征意义的行为，能够帮助大家高效、高质量地完成工作。

这项仪式的灵感来自圣母大学橄榄球队更衣室里"像冠军一样踢球"的标语。每个球员在离开更衣室进入球场时都要触摸一下这个标志。这是一种能给人力量的小仪式。

这项仪式中使用的道具，例如类似的符号或一个按钮，它们并不能真的赋予人们某种特殊的力量。这是一种安慰剂效应，能够赋予人们一种掌控感，带有些许魔幻的色彩。

如何操作

- 为你的特殊按钮或标志赋予一种内涵。你可以拟一段话贴在你的特殊标志旁边，可以参考其他标语，比如"触摸这里将获得特殊的力量"或"今天像冠军一样打球"。
- 制作你的特殊标志。你可以画出来或打印出来，装裱好挂在墙上。你也可以把它做成可触摸的物体，比如一个按钮或其他特殊的道具，安装在墙上或放在其他具有特殊意义的地方。

- 把它放在公司成员每天经过的地方，例如咖啡机、电梯或饮水机旁，这样一来，这项仪式就会变成常规惯例。我们的目标是让更多的人把它当作力量源泉，养成每天从这里获得灵感和力量的习惯。

- 你可以将这项仪式运用到团队的日常工作中，例如在开例会时进行这项仪式。你也可以把这项仪式运用到更重要的工作事件中，例如在启动新项目时进行这项仪式。

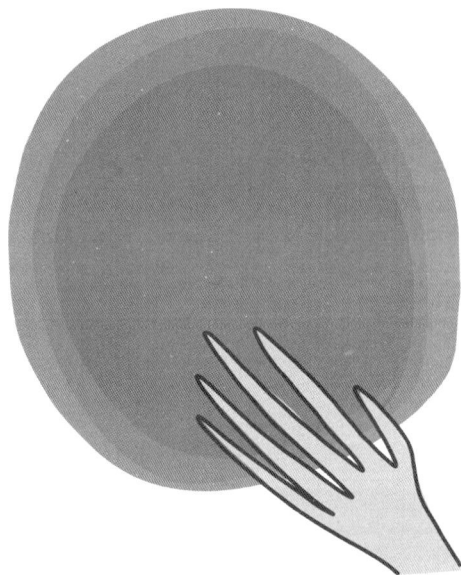

午后飞行模式

为自己创造一个没有任何干扰因素的环境，
集中精力工作

16. 午后飞行模式

使用场景

这项仪式在团队需要进行深度工作以便完成一项艰巨任务时使用。

适用对象

这是一项团队型仪式，也适用于个人。

准备道具

+ 注意力卡片
+ 电脑

难度等级

这是一项成本和策划难度都较低的仪式。

仪式简介

"午后飞行模式"是一种帮助人们排除外界干扰、进入工作心流的简单仪式。

这项仪式的目的是营造飞机上的特殊环境：由于乘客在飞机上无法使用互联网，许多典型的外部干扰因素都被隔绝在外。这项仪式就是要通过暂时屏蔽网站、消息通知和社交媒体，创造出类似的环境。

在排除网络干扰的同时，这项仪式还可以让个人或团队更加专注。这项仪式可以在有限的时间内创造出一个"大家无法离开"的环境，所有人必须一致同意消除外界干扰，强迫自己在艰巨的任务上取得进展。

如何操作

- 团队中的所有成员在这个下午需要聚集在一起，共同设定完成一个"重点任务"。你可以让每个人把这个任务写在一张具有特殊意义的纸上。
- 每个人把自己假想成正在乘坐飞机。

- 其中一人充当这场仪式的主持人，负责让每个人关掉他们设备上的 Wi-Fi，然后像在飞机上一样巡视一圈。大家也可以选择当天"行程"的"目的地"。
- 在主持人的命令下，大家关掉 Wi-Fi，开启飞行模式。
- 如果主持人愿意，可以让大家听点白噪声，模拟飞机上的体验。
- 设定"飞行时间"——最少 45 分钟。
- 时间一到，主持人就可以宣布抵达目的地，大家可以重新打开 Wi-Fi。所有人可以一起鼓掌庆祝安全着陆，就像真正的飞机抵达目的地时一样。

日常六问
每天提醒自己要专注做的事

17. 日常六问

使用场景

这项仪式在你在完成个人或职业目标过程中需要创造自我认知、控制感以及专注力时使用。

适用对象

这是一项个人仪式。

准备道具

+ 计时器——无论传统闹钟、电子闹钟还是让别人帮你计时。

难度等级

这是一项低成本、无须过多规划的仪式。

仪式简介

"日常六问"是一种个人仪式，用来提醒自己每天的目标和生活中的优先事项。

马歇尔·古德史密斯是这项仪式的设计师，他之所以设计这项仪式，是为了让自己专注于最主要的目标。[33] 他会让别人每天在同一时间给他打电话，每天在电话中询问同样的 6 个问题（这 6 个问题是他写给自己的）。

+ 你尽全力设定清晰的目标了吗？

+ 你尽全力取得工作进展了吗？

+ 你尽全力追寻意义了吗？

+ 你尽全力全身心地投入了吗？

+ 你尽全力开心地度过一天了吗？

+ 你尽全力与他人建立良好关系了吗？

电话另一端的人只是听着，不作任何评判，在挂断电话前说一些鼓励的话。

如何操作

让一个人改变行为是很困难的。在这个过程中，你需要设定目标、需要自我认知和坚持不懈的态度。"日常六问"通过日常提醒的方式帮助人们达到目标。

- 写下 6 个你想每天反思的问题。如果你不知道该写什么，可以借鉴马歇尔给自己设定的问题的方向：是否设定了目标、是否保持快乐、是否建立了牢固的关系、是否全身心地投入。
- 请别人每天问你这些问题，或者给自己设置一个日常提醒。
- 如果你请别人问你这些问题，就把每天的时间固定下来，并且认真回答这些问题。如果你是为自己设定的日常提醒，那么把答案写下来，保证自己每天都有输出。
- 过一段时间后，检查一下自己最近的进展如何。是否每天都向自己提问并认真回答这些问题？通过回答这些问题，自己是否取得了进步？
- 如果你取得了进步，给自己一个小礼物作为犒赏——可以是一顿丰盛的午餐，也可以是停下工作好好休息一段时间，或者是一本新书。当你取得进步时，给自己送一些小小的礼物庆祝一下。

马歇尔·古德史密斯在实践"日常六问"的过程中对每个问题进行了升级。他把问题从常规问题调整为带有积极性色彩的问题。例如，他最初的问题"我设定了明确的目标吗"经过升级变成"我有没有尽全力设定明确的目标"。这个小小的调整提升了问题回答者的主人翁意识和参与感。

马歇尔大约进行了 5000 份问卷调查。在此基础上，他洞察到一些关于提升"日常六问"效果的方法。通过积极的自我反省，人们会更加清楚自己在努力的过程中进展到了哪一步。这种自我认知增强了他们的控制感和责任感。自我认知具有激发改变的潜力，并且帮助人们在改变的过程中坚持下去。

马歇尔·古德史密斯博士
（Dr. Marshall Goldsmith）

商业导师、教练

对仪式的探讨

马歇尔在指导人们更高效地工作的过程中得出了这样的结论：人们需要非常清晰和有组织的仪式，否则很多事情无法完成。

这条结论适用于人们生活的方方面面：无论是在工作中建立领导力，还是关注自身健康，抑或是维持家庭关系。

马歇尔和他的女儿——范德比尔特大学教授凯利·古德史密斯博士（Kelly Goldsmith）一起设计了"日常六问"这项仪式（参见前一小节）。凯利在研究市场营销和组织架构的过程中发现，几乎所有关于员工敬业度的研究都围绕"被动问题"展开，比如："你的工作有意义吗？"当人们被问到被动问题时，他们总是把自身的问题归咎于环境。

这一发现让马歇尔父女萌生了将积极问题带入工作中的想法。他们精心设计了由"你尽全力……"为开头的积极问题组成的"日常六问"仪式，这些问题旨在让人们主动承担责任，并将其作为日常的、可迭代的实践。他们发现这项仪式带来了惊人的效果。

建立更优秀的圈子和文化的几条建议

马歇尔从彼得·德鲁克（Peter Drucker）那里汲取了关于组织的深刻见解：为了让你在组织中的影响力最大化，包括在组织文化中的影响力，你需要赢得关键决策者的支持。这意味着你必须接受只有掌权者才能做出关键决策的事实，并与这一事实和平共处。如果一名员工想要改变一个组织的运作方式，那么很重要的一点是，他要很好地表达自己的想法，并着眼于未来。

对未来工作的憧憬

马歇尔正在着手做一个与工作和退休有关的新项目，叫作"100 名教练"。这是一种超越了传统的"年轻时工作、上了岁数就退休"的生活方式——它可以为未来留下一笔永久的遗产。

几年前，马歇尔参加了一个由设计师爱塞·伯赛儿主导的项目，名为"设计你所爱的生活"。在项目中，爱塞要求每个人写下人民英雄的名字。

马歇尔写下了弗朗西斯·赫塞尔本（Frances Hesselbein　美国女童子军前任 CEO，总统自由勋章获得者）、艾伦·穆拉利（Alan Mulally　福特前任 CEO）、金墉博士（Dr. Jim Kim　世界银行行长）、彼得·德鲁克（现代管理学之父）、保罗·赫塞（Paul Hersey　知名作者、导师，也是我的导师）以及沃伦·本尼斯（Warren Bennis　世界上最伟大的领导力思想家之一）。然后，爱塞让他们阐述为什么觉得这些人是英雄。马歇尔写道，他们都是"伟大的老师""非常慷慨"。然后，爱塞要求参与者"像这些英雄"一样设计自己所热爱的生活。

正是在这个项目中，马歇尔萌生了一个想法：把自己平生所知免费倾囊相授给 15 个人。作为回报，这 15 个人需要免费为另外 15 个人做同样的事情。许多伟大的导师和领导者慷慨无私地帮助过他，却从不要求任何回报，这一切都在激励着他去做这件事。通过这样的方式，他再一次认识到这些人在他的生活中做出了多么惊人的贡献。

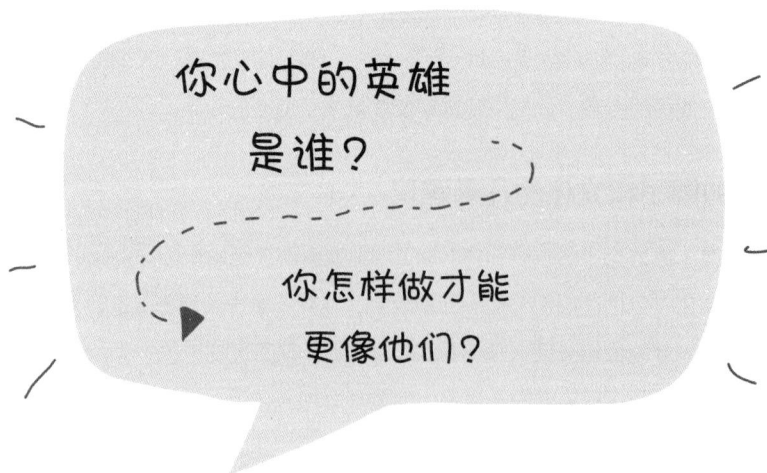

待办事项堆
欣赏自己已达成的目标

18. 待办事项堆

使用场景

这项仪式在你有一份长长的任务清单需要完成，并需要建立一种工作在有序推进的感觉时使用。

适用对象

这是一项个人仪式，也适用于团队。

准备道具

+ 写着待办事项的便利贴
+ 用来装你的待办事项清单的透明小罐子

难度等级

这是一项成本和策划难度都较低的仪式。

仪式简介

"待办事项堆"仪式能让你以一种回报感更强的方式看到你在待办事项清单上的进展。你需要在便利贴上写下要做的事情，一张便利贴写一件事。然后，每完成一项任务，你就把写着这项任务的便利贴撕成碎片，放到你的小罐子中。

当你的待办事项被扔到小罐子里时，你会看到碎片越堆越高。这是一种用物理方法衡量完成的工作量的方式。通过一点点地把已完成事项堆到罐子里，你可以亲眼看到自己的进展，从而减少任务带来的压力，缓解焦虑情绪。这项有趣的仪式能够让你更轻松地划掉一长串可怕的任务清单。

如何操作

- 当你在一段工作时间内感到紧张时，列出所有让你感到有压力的任务，无论大事还是小事。
- 在你的办公桌旁放一个小杯子或其他透明容器。

- 在便利贴上写下你的待办事项，通常列 6~10 条。把便利贴贴在办公桌上。
- 然后开始工作，每次拿下一张便利贴，集中精力解决便利贴上所列事项。
- 一旦完成某项任务，就把写有这项任务的便利贴撕成碎片，扔进小杯子里。
- 在工作期间，不要把这个杯子从你的办公桌上拿开。你可以亲眼看到你所做的
  工作数量。
- 如果杯子被塞满了，把里面的碎纸片烧掉或者扔进可回收垃圾箱。
- 最后，用一份大杯奶昔或者你喜欢的甜点庆祝一下吧。

你可以让团队成员一起参与这项仪式，但需要添加几个步骤。首先，你需要动员大家在周一早上一起列出本周所有待办事项，或者团队成员提议要做的任何事情；挑一块公共区域放置用来盛便利贴碎片的小瓶子。

然后，团队成员可以取走那些写有自己要做的工作的便利贴。每当有人完成任务时，他就需要跑到"待办事项堆墙"前，把写有该项任务的便利贴撕成碎片。如果有人恰巧在这位同事身边看到他撕掉了便利贴，需要对他表示祝贺："又干掉了一项任务！"当最后一项工作已经完成，可以撕掉最后一张便利贴时，一名团队成员需要站出来主持"待办事项完成仪式"。团队成员需要聚集到一齐，一同把最后一张便利贴撕成碎片，然后把小瓶子扔到可回收垃圾箱里。接下来，大家可以喝点咖啡或饮料庆祝一下。

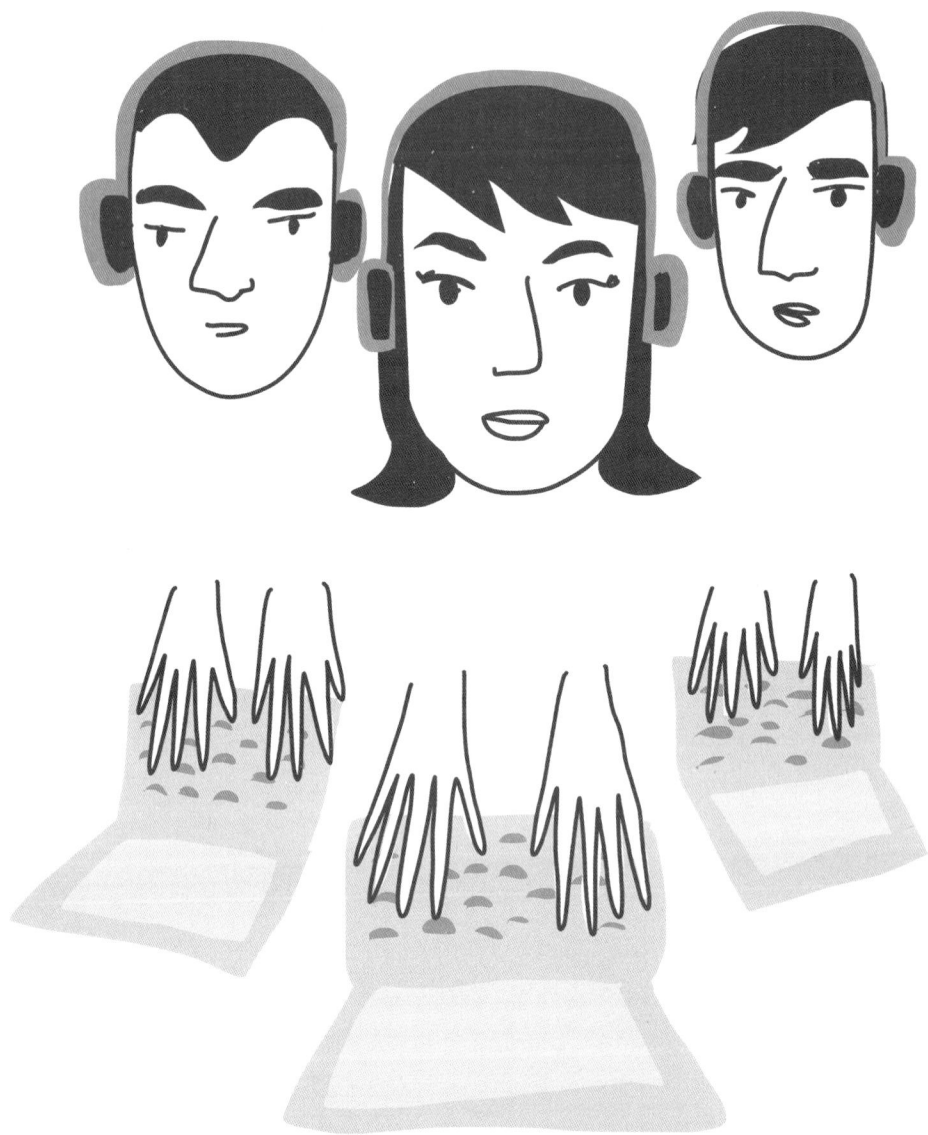

周四无声迪斯科

培养内在心流，养成深度工作的习惯

19. 周四无声迪斯科

使用场景

这项仪式在你需要让团队成员更好地进入心流状态、进入深度工作时使用。

适用对象

这是一项团队仪式，也适用于部门或组织。

准备道具

+ 音乐，耳机
+ 计时器或电子计时器
+ 用于宣布"开始 / 停止"的施令道具

难度等级

这是一项成本和策划难度都较低的仪式。

仪式简介

"周四无声迪斯科"是一项群体性仪式，所有希望沉浸在工作中、不被会议或其他干扰因素打扰的员工都可以参与进来。在规定的时间内，每个人都需要戴着耳机听音乐，保持安静。

这项仪式旨在将团队从会议中拯救出来，避免外界的干扰。

如何操作

每周四，想要参与这项仪式的员工都可以进入"无声迪斯科"区，戴上耳机开始工作，就像在参加派对一样。组织者可以播放几个音乐频道，每个人都可以通过耳机选择收听任意频道，就像一场真正的无声迪斯科 ① 舞会一样。

大家可以在共同工作期间切换音乐频道，也可以播放自己的音乐。共享音乐是这项仪式中的重要元素之一，它可以让团队成员在专注于自己任务的同时，保持相同的工作节奏。

---

① Silent Disco，中文译为"无声迪斯科"，最早起源于欧洲，是一种戴着耳机跳舞的迪斯科舞会。

如何应用

你也可以在"无声迪斯科"的基础上做一些改造，不一定非要播放音乐，但是一定要有类似的严格规则以保证仪式的效果。最基本的原则是建立一条规则，在有限的时间内实施仪式，以规避会议或其他干扰因素带来的影响。

例如，软件公司阿萨纳（Asana）设立了"无会议周三"，用它提高生产力，提升员工的幸福感。[34] 规则是任何人都不得在这一天安排会议。这意味着每周至少有一天的工作是不受打扰的，办公室里的每个人都可以在这一天充分享受工作心流状态。

另外一种类似的仪式是"无交谈日"。在这个仪式中不会播放迪斯科音乐，只有一条规定：白天在办公室里不许说话。软件公司 37signals（Basecamp[①] 软件制造商）的联合创始人杰森·弗里德（Jason Fried）提出每周指定一天作为"无交谈日"，以鼓励员工更专注地完成任务。[35]

---

① Basecamp 是 37signals 公司旗下的一款非常流行的基于云服务的项目管理软件。

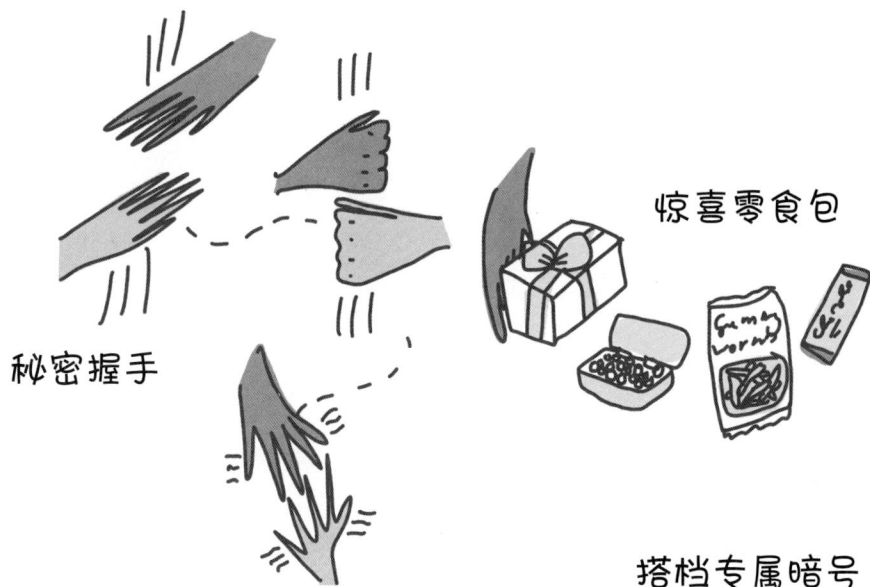

秘密握手

惊喜零食包

搭档专属暗号

"相信过程"

交换图书

搭档关系
团队成员成双成对建立更深厚的联系

20. 搭档关系

使用场景

这项仪式在你希望某个项目中结为搭档的同事之间能够建立更深厚的伙伴关系时使用。

适用对象

这是一项团队仪式，需要团队成员两两结伴完成。

准备道具

+ 类似暗号的一段话
+ 秘密握手的动作
+ 可以赠送的小礼物

难度等级

这是一项成本和策划难度都较低的仪式。

仪式简介

你可以鼓励团队中的各组搭档伙伴一起进行"搭档关系"仪式。这类仪式通常由团队中互为搭档的两人一起开发一些只有彼此才理解的秘密行为。

深厚的工作伙伴关系可以帮助具备不同技能和资历的个体团结起来。一些公司，比如Pinterest 和 SYPartners，会让每个人为自己找一个搭档，一同工作几周。这对搭档可以在彼此的工位附近办公，在项目中互相给予对方支持，对彼此负责。

像秘密握手、对暗号和赠送小礼物这样的仪式可以让人们更快地熟悉彼此。这会帮助他们建立一种相互信任的关系。在这种关系中，搭档二人之间可以坦诚相待，即使向对方提建议和意见都不会令对方感到不适。

如何操作

即使人们在同一个团队中，也未必能彻底地了解彼此。这项仪式制造了团队成员进一步了解彼此的机会，并借此机会发现与对方新的联系点和共同点。

如果你希望让团队的表现更上一层楼，这项仪式能发挥很大的作用。特别是当你需要团队成员承担一项对多种技能有要求的任务时，或是团队中有不同资历的成员需要相互学习时，这项仪式的作用会更加凸显。这项仪式还可以创造性地帮助团队开阔视野，碰撞出积极的创意。

让团队成员相互结为搭档能够有效地提升团队表现和产出效率，这一点已经得到证实。[36] 我们通过研究还发现，[37] 像 SYPartners 这样的咨询公司和 Pinterest 这样的科技公司，都在积极地鼓励员工寻找搭档。[38]

5

Creativity and Innovation Rituals

第五章

化解争执与调节情绪的仪式

在工作中，发生冲突在所难免，失败也是。两者皆会造成同事之间的关系紧张，甚至导致同事关系破裂。

仪式可以为处理冲突、管理愤怒与沮丧情绪、建立更有建设性的关系等提供很好的策略。

在理想的情况下，此类仪式可以创造更坦诚、更透明的沟通环境，并且能够提升个体的抗挫折能力。通过提升认知能力、反思能力和专注力，此类仪式能够帮助人们更好地处理工作中的负面情绪。

在什么情况下使用化解争执与调节情绪的仪式

个人

+ 帮助团队成员避免冲突

+ 在绩效沟通会之前，缓解焦虑

+ 主动调节情绪，以防自己心力交瘁

团队

+ 建立完全透明的沟通机制，避免冲突

+ 缓和激烈讨论中的紧张情绪

+ 释放情绪，解决冲突

+ 对争夺项目优先级的冲突进行干预

组织

+ 建立坦诚相待的企业文化

+ 帮助团队成员建立心理安全感

+ 以中立的态度解决与团队健康发展相关的问题

10 项化解争执与调节情绪的仪式

21 医生出诊

帮助你解决有待明确的问题

22 圆桌对话

培养坦诚相待的文化，建立良好的人际关系

23 机器人罢工

争得面红耳赤时，不妨停一停

24 焦虑释放墙

面对绩效评审，减轻压力

25 烧毁争执

通过释放情绪化解冲突

26 大象、死鱼和呕吐物

激发人们坦率的态度和增强抗压能力

27 失败手册

与团队新成员一起接受弱点

28 不重复法则

推动团队成员不再纠结某个难题

29 权衡滑块

在争夺优先权和资源时，避免发生冲突

30 片刻时光罐

通过欣赏他人修复彼此之间的关系

医生出诊
帮助你解决有待明确的问题

21. 医生出诊

使用场景

当一起工作了一段时间的团队内部出现问题时，该仪式可以站在旁观者的角度帮助团队找到问题，并引导大家解决问题。

适用对象

这是一项团队型仪式。

准备道具

+ 举办仪式的专用房间
+ 能够代表医生身份的标识道具
+ 咖啡和零食

难度等级

这项仪式需要一位具有个人魅力的组织者，他不仅需要掌握丰富的协调技巧，还需要具备深厚的资历和信用，以保证团队成员心甘情愿地接受邀请加入这项仪式。要想保证这项仪式顺利举行，团队成员本身需要具有勇于尝试新事物的基因。

仪式简介

"医生出诊"是一种帮助团队梳理近期工作动态并为新创意的落地创造条件的仪式。[39] 这项仪式是在一个快闪式的空间内进行的，公司选出一个人扮演"医生"，让他为其他团队"出诊"。

任何一个团队，只要有需要处理的问题，都可以在这位"医生"那里进行 1 小时的咨询。"医生"扮演的是一个中立的内部推动者的角色，他通过引导大家围绕问题进行探讨，帮助团队解决问题。"医生"不会向团队外的任何人透露谈话的内容。团队可能需要在会议前列出所有问题，然后所有人一同确定问题的优先级。基于此，这项活动可以让团队成员之间建立更加牢固的关系。

如何操作

这项仪式是多姆·普莱斯（Dom Price）在软件公司 Atlassian 工作的过程中设计出来的。起初，他只是和其他团队的成员边喝咖啡边聊天。在这个过程中，他以一个协调者的角色帮助其他团队成员敞开心扉，聊聊团队面临的困难和需要解决的问题。他发现，这种小会议非常受欢迎，于是便将这项活动进行了升级迭代，即我们现在看到的"医生出诊"。

他买了一套医生的行头，在办公室里到处张贴海报，邀请团队前来参观，此外还独占了一个会议室一周的时间。任何团队负责人都可以带团队来这里咨询 1 小时。在这 1 小时内，他们不会讨论任何关于 KPI 或绩效表现的话题。团队可以完全信任"医生"，因为讨论的所有内容都不会向管理层汇报。

这项仪式的目标是建立一个"健康监测"机制。通过这项机制，"医生"可以帮助整个团队的成员更加坦诚地对待彼此，同时帮助团队成员针对他们看到的问题设计自己的解决方案。"医生"（主持人）可以使用白板、便利贴和其他可视化工具推进讨论，但是"医生"不会去"解决"问题，解决问题的主角是团队本身。在 Atlassian 公司举办"医生出诊"的一周内，"多姆医生"与各种各样的团队进行了 42 次会议。他发现，组织者可以与团队一起扮演某些特定的角色。首先，"医生"应该削弱团队创始人或团队负责人的"权威"地位，以确保讨论不会被他们主导。其次，"医生"还可以在会议开始时让大家进行冥想反思，并对工作中要解决的问题进行优先级评估，调动性格内向者也参与进来。这样可以确保所有人都能真实地表达自己的想法，如果是让大家口述自己对需要解决的问题的优先级排序，可能会有一部分同事会受到其他人表达的观点的影响。

这项仪式还可以进行一些改造，或许可以把它改造成一项每季度都开展的活动。在这个活动中，团队成员一起讨论是否进行"团队健康检查"。我们不建议把它当作一项强制性检查，而是应该让团队选择是否参加。如果"医生"不想穿得像真正的医生一样也可以，但他们应该接受专业的训练或主动设计方案推动工作环境向建设性、富有同理心、平衡的方向发展。

多姆·普莱斯（Dom Price）

Atlassian 公司工作未来学家

对仪式的研究

在 Atlassian 公司工作期间，多姆曾接到一项任务：发现公司的优点，并想办法把这些优点复制到每个团队。当时，设计团队已经创建了一个团队文化的蓝本。多姆加入设计团队，并与团队成员一起开发了一个"健康监控"机制，用它评估团队的健康状况。基于这项机制，他们又创造了"医生出诊"仪式。

多姆将"医生出诊"仪式作为推出"健康监控"机制的载体，在这个过程中，他也了解到公司团队面临的最紧迫的问题是什么。在"医生出诊"仪式中，他扮演了一个组织协调者的角色。他使用了设计团队正在开发的团队文化蓝本，帮助团队一点一点地解决问题。每次"医生出诊"结束时，他都会做一件事——询问每个团队成员将着手做哪些具体的事情，以及在下一次"出诊"之前他们将达到什么目标。

多姆在一周内"出诊"了 42 次。在初步试验取得成功后，他开始更大规模地举行"医生出诊"。据统计，超过 2000 个团队参加了这项仪式。

在工作中推行仪式的收获

即使多姆已经不再充当仪式组织者，"医生出诊"仪式也已经成为团队常用的工具，它成为全公司上下都可以使用的一种力量，即这项仪式的开展不再依赖于某个关键人物。这展示了一种成功：将自行组织这项仪式的能力扩展到公司上下，并根据自己的需求在原有仪式的基础上进行改善。

多姆还发现了围绕冲突和问题组织团队会议以及展开对话所展示出的强大力量，因此团队会议能够更安全、更充分地为团队赋能。

绝大多数让团队感到头疼的问题都是常识问题，非常容易解决，这并不奇怪。但要让团队成员大声地把这些问题说出来，需要一个坦率且仪式化的会议。将艰难的对话仪式化能够帮助团队持续改进。

建立更优秀的圈子和文化的几条建议

多姆建议，其他想要创建自己独特仪式的公司在一头扎进解决方案之前，应该先爱上问题本身。这也可能意味着应该停下手头的一些事情，为新的行动让道。很多时候，公司的"水桶"已经装满了，因此，反思一下哪些事情需要结束很重要，这才能为新的开始创造机会。

多姆的另一个洞见是，不要寻找"最佳路径"，因为它根本不存在。相反，可以使用敏捷工具构建新的文化策略，例如设计思维、商业模式画布以及其他一些尝试。

世界上没有所谓的灵丹妙药。公司需要下功夫了解自身所处的环境，包括公司的文化、价值观、员工、优势、人格类型、产品、所在地点、时区、对专业知识的了解程度、客户、外界变化的速度、创新能力等。最重要的一点是，确保你所做的尝试适合你。

最后，多姆给出了一条忠告：不要试图强制员工接受一种文化（或仪式）。官方推出的计划可能并不会奏效。让大家参与进来，让他们主导方向，让他们根据自己的需要调整；否则，你只会得到一个服从命令的团队，而不是一个健康的团队。

圆桌对话
培养坦诚相待的文化，建立良好的人际关系

22. 圆桌对话

使用场景

这项仪式在关于近期的某项决定或事件传出流言蜚语或人们在背后表示不满时使用。

适用对象

这是一项组织型仪式，也适用于团队。

准备道具

+ 一间备有圆形办公桌的会议室
+ 笔录

难度等级

需要一个富有魅力的人动员大家，并且公司需要具备尝试新事物的开放文化。

仪式简介

"圆桌对话"仪式只有在必要的时候才可以举行，一般在组织遭遇挫折时使用。"圆桌对话"是一种特殊的会议，需要遵守一些基本规则：人们需要开诚布公地谈论正在发生的事情；无论是什么样的流言蜚语或者不满，都应该直接说出来；最终的目标是重建整个组织的社会结构。设计公司 IDEO 设计出了这项仪式，用它推动那些进行起来没那么容易的沟通。

当一位长期以来备受爱戴的团队成员被解雇，其他员工正在猜测发生了什么事情时，或者当有关公司重组或公司紧缩计划的流言四起时，"圆桌对话"可能会派上大用场。公司管理者可以通过发起对话解决这些问题，其他人也可以通过对话获得更真实、公开的信息。

如何操作

"圆桌对话"需要围绕一个特定的主题或有待解决的问题进行讨论。每次"圆桌对话"讨论形成的规则和文化都应该成为日后处理公司问题的一种更成熟的机制。

　　"圆桌对话"也不应该是强制性的。所有人都应该自愿选择参加与否——只要参与，就应该认可这项仪式的规则，并严格遵守。

　　虽然"圆桌对话"最开始的目的是解决冲突，但它还具有其他用途。它为人们创造了一个允许以更开放和真实的态度谈论包容、多样性等重要话题的环境。

- 确定"圆桌对话"的主题。找一个能够烘托亲密氛围、让大家围坐一圈的空间。这个房间不能容纳太多的人，应该稍显拥挤，这样人们就可以互相靠近，而且不会有太多的人过来。
- 发出邀请函，欢迎任何想要参与讨论和解决问题的人参加。
- "圆桌对话"只有有限的参加名额，先到先得，不接受预订座位，一旦坐满了，其他人就不能加入。
- 主持人需要制定基本规则，在座的每个人都必须认可并遵守这些规则。

　　　　维加斯规则（Vegas Pule）：又称旧事不再提规则，说过的话就让它过去，不必再去想。如果你想说一些不愿重复的话，说的时候加一句"维加斯规则"。

　　　　洋蓟规则（Artichoke Rule）：一旦有人说出了一个观点，观点提出者和其他人就不要再重复这个观点。如果有人再次提出这个观点，其他人可以说一句"洋蓟"打断他。

　　　　开诚布公原则（Radical Candor Rules）：不要围绕一个问题来回兜圈子，要实事求是，抓住关键问题。要直接，但不要过分残忍。

- 将对话时间设置为 1 小时。时间一到，对话必须就此结束。在这个过程中，组织者会记录笔记（不会与他人分享），并达成最终的结果，确定接下来每个人将负责的事。会议结果和任务清单将分享给组织的其他成员，以确保"圆桌对话"推进解决方案的落地执行。

机器人罢工

争得面红耳赤时，不妨停一停

23. 机器人罢工

使用场景

这项仪式在会议陷入僵局、出现分歧并无法解决时使用。

适用对象

这是一项团队型仪式，也可以两人一组进行。

准备道具

团队共同设定一个代表"退出"的暗号

难度等级

这是一项策划难度较低、即时性的仪式，需要在团队内部进行。

仪式简介

当会议进入死胡同、无法产出结果时，"机器人罢工"仪式可以将大家解放出来。在这项仪式中，"退出"暗号一旦亮出，就意味着仪式组织者已经认识到会议陷入僵局，可以先行解散，过一段时间再回来寻找解决问题的办法。仪式组织者可以像机器人一样僵硬地倒退走几步，同时发出"哔——哔——"的声音代表"退出"暗号。

如果团队成员对机器人不感兴趣，可以一起设计一个独特的"退出"信号。无论会议进行得不顺利、氛围开始焦躁，还是问题很棘手，抑或只是需要休息一下，任何人都可以用这个动作表示会议到此结束。

如何操作

"罢工仪式"需要团队事先进行规划。

你该如何设计团队成员一致同意的"退出"信号呢？在理想的情况下，这个信号应该设计得别出心裁，带点幽默感，这样可以减轻因讨论造成的沉重感。

一旦确定了使用什么样的"退出"信号，那么任何团队成员发出信号时，其他成员都必须遵守。整个仪式可以按照以下步骤进行，让讨论告一段落，日后再重启讨论。

- 一旦会议明显无法产出结果且濒临崩溃的局面时，这就意味着该启动仪式了。
- 其中一人可以站起来，发出信号，启动"罢工仪式"。例如，启动"机器人罢工"仪式时，一名团队成员可以像机器人一样一边僵直地慢慢倒退向后走，一边发出"哔——哔——哔"的声音。
- 其他人必须配合——会议已经结束，每个人都必须停止讲话。其他人也可以发出信号表示会议已经结束，比如也站起来像机器人一样倒退着向后走。
- 一旦会议结束，任何人都不要再考虑会议中讨论的问题，而应该回到正常的工作中去——把问题暂时搁置到一边，日后再讨论。
- 冷却一段时间后，团队可以重新组织讨论，再次尝试解决问题。

这项仪式是由阿尼玛·拉沃伊设计的，她把这项仪式当作打破紧张气氛、为紧张的讨论增添一丝幽默的方式。这项仪式的目的是提前缓解有可能产生的紧张氛围，并在紧张气氛产生时通过一系列特殊的行为引导大家回归正轨。

阿尼玛·拉沃伊（Anima LaVoy）

爱彼迎社会公益体验负责人

在加入爱彼迎（Airbnb）之前，阿尼玛是 Connect 的联合创始人兼首席产品官。Connect 是一个帮助人们管理真实的人际关系的技术平台。在一项研究中，阿尼玛收集了数百个关于人们如何在工作、家庭、朋友圈和婚姻中巧妙地培养人际关系的案例。她认为，人际关系的质量决定了人们的生活质量，"人际健康"应该像身体健康一样受到关注。阿尼玛一直在尝试设计关于处理人际关系的技巧和相关仪式，如"工作帽""感恩罐""角色地图"和"机器人罢工"。

这些艺术化的技巧、做法和仪式在设计之初就是为了帮助人们更好地生活。这意味着，这些技巧和仪式既适用于婚姻和伙伴关系的维护，也适用于技术和设计团队成员的工作关系的维护，还适用于家庭和朋友的关系维护，它们适用于人们日常生活的方方面面。所有这些都有助于我们的"人际健康"。内心所感很难与他人描述。我们既没有丰富的词汇谈论感受，也很难量化这些感受，但我们内心所感极大地影响着我们幸福感和寿命。阿尼玛重点关注我们如何与他人建立真实的、高质量的人际联系，不仅是恋爱关系，还包括其他组成了我们日常生活的所有关系。

对阿尼玛而言，重点要关注的是人们内在的潜力。她一直在研究如何为团队的工作生活带来更多的思考、乐趣和主动干预的策略。这不是改善关系的单一策略，而是一个由很多细微的行为组成的生态系统，这些细微的行为叠加在一起就形成了意义和连接。我们在生活中会维护各种各样的关系，如工作关系、婚姻关系、家庭关系、朋友关系、邻里关系等。阿尼玛用一套逻辑把我们所做的各种各样的关系维护连接了起来。

焦虑释放墙

面对绩效评审，减轻压力

24. 焦虑释放墙

使用场景

这项仪式在大多数团队成员进行绩效评估之前感到焦虑时使用。

适用对象

这是一项团队型仪式，也适用于组织。

准备道具

+ 一块帆布或油布，或者其他可以用来覆盖在墙上的东西
+ 黏土或油灰

难度等级

这是一项策划难度较低的仪式，只需准备一面空白的墙。

仪式简介

"焦虑释放墙"仪式为团队提供了一个集体释放焦虑的物理空间。这项仪式适用于压力较大的时期，比如年度业绩评估、公司重组或业务旺季时。

团队负责人应该找一面大多数人都会经过的墙，或者直接在靠近"高压地带"的地方进行这项仪式，比如即将进行绩效考核的会议室附近。人们可以在这面墙上粘上黏土块，用它象征自己的勇气。大家可以一边玩黏土一边等待考核，轮到自己的时候就把黏土粘在墙上。

这项仪式让人们手中有些小玩意儿可以摆弄，这是一种释放焦虑的常见行为。它能让每个人看见原来其他人也会焦虑，从而建立起一种同理心。

如何操作

"焦虑释放墙"是一项简单的集体仪式，帮助人们缓解正在承受的压力。例如，在年度绩效评估时，公司中的每个人都可能会受到批评。一想到有可能会受到各种各样的负面反馈，人们都会心情紧张。

- 在进行绩效考核的场所附近，比如会议室外面，找一面墙。如果没有空白的墙可以利用，你也可以放一块大白板或临时竖一块板子当作墙。

- 在墙面上盖一层结实的布，这样人们就可以无所顾忌地把东西粘在上面，并在上面写写画画。这块布可以是白板墙贴、帆布、防水布或者其他东西。

- 在墙上写上"焦虑释放墙"几个字，并写下简单的说明：

  - 拿一些黏土。

  - 边玩边等。你可以随意摆弄这些黏土。

  - 轮到你接受绩效考核时，把黏土粘在墙上。

  - 你可以随意写写画画。

- 在旁边摆上各种颜色的黏土或油灰供大家选择。

- 不要擦掉墙上的内容。如果空间足够大，你可以把它保存下来，这样之后的每一年，人们就能看到前辈们留下的内容，他们会穿越时空与前辈建立起情感上的连接，同时也能感受到前辈们之前承受过同样的压力。

- 如果你无法保留这面墙，一定要给它拍张照片，然后把照片挂起来，让这个创意永葆鲜活。

烧毁争执
通过释放情绪化解冲突

25. 烧毁争执

使用场景

这项仪式在冲突发生、团队成员因负面情绪感到筋疲力尽时使用。

适用对象

这是一项一对一进行的仪式，也适用于团队。

准备道具

+ 耐热的容器
+ 胶带
+ 笔
+ 碎纸机
+ 火柴

难度等级

这是一项策划难度中等的仪式，需要第三方组织，并且需要准备一些道具保证仪式的顺利实施。

仪式简介

"烧毁争执"是一种帮助人们化解突发冲突的仪式。当团队成员之间发生冲突时，这项仪式可以让他们象征性地"燃烧"自己的愤怒，从而释放自己的情绪能量。

可能有人会寄希望于争论之后依然能心平气和地继续工作，但"烧毁争执"不会这样做。这项仪式会让人们明确地写下他们争论的内容以及自己的感受，确保每个人都了解彼此的观点。然后，大家把这些写着观点和感受的纸放进碎纸机里，或者让大家自己把这些纸撕碎。这样一来，所有人的碎纸片都混合在了一起，然后大家把这些碎纸片放到一个耐热的容器里烧掉。

这项仪式的目的是通过象征性的行为让人们谅解彼此，从而真正地释怀、认可彼此的观点。

如何操作

这项仪式的灵感来自设计师童莉莲（Lillian Tong，其个人简介请参见下一页）。她与 MakeShift 联合办公空间一起设计了这项仪式，用于帮助各个团队形成一种互相体谅的机制。[40]

一旦发生争执，最好先把争论的问题搁置一两天。然后问问那些之前争论得不可开交的人是否愿意再次召开会议，把之前发生的问题全部解决掉。如果他们同意了，就可以组织进行这项仪式。

- 任何参与那场争论的人都可以被邀请加入仪式。邀请对象可以是争论得最激烈的那些人，也可以是参加那场会议的团队其他成员。
- 给每个人发一堆便利贴和一支记号笔。让所有人写下自己的感受，每张便利贴上写一条感受。大家需要把这些便利贴贴在墙上或桌子上，这样的话，如果有人想看，就可以看到。
- 所有人都写完后，每个人需要安静地思考一下该如何化解这场争论。给他们 1 分钟的时间，然后要求他们默默地就此释怀。
- 大家把便利贴撕掉，要么把它们放进碎纸机里，要么直接把它们撕成碎片。最后，所有人把碎片一起放进一个盒子里。
- 如果条件允许，可以把盒子拿到室外，比如烧烤炉或其他安全的地方。用火点燃这个盒子，让大家一起围观燃烧的过程。如果室外条件不允许，大家也可以把纸屑放在一个防热的容器里，置于一个安全的地方，烧掉里面的碎纸片。
- 到这里，仪式就结束了——希望争执已经化解，团队工作可以回归正轨。

童莉莲（Lillian Tong）

Matter-Mind 工作室设计师、联合创始人

对仪式的探讨

童莉莲的论文课题研究的是工作中的情绪。她发现，大多数人在处理自己的工作情绪时，都会把注意力集中在"找点乐子"上。这种思考方式的最终结果，就是在休息室安装一个乒乓球桌之类的东西。

与此同时，童莉莲发现，围绕在工作场合中产生的复杂、负面情绪设计解决方案大有可为。在研究过程中，她发现，在工作中表达情绪是很困难的，这样的例子数不胜数。如果你在工作中变得情绪化，就会被认为不够专业。因此，既要掩盖这些负面情绪，还要应对与同事的争执、负面的反馈、烦不胜烦的需求和上级的无礼对待之类的糟心事，免不了会产生焦虑情绪和发生冲突。

在这个论文课题中，童莉莲扮演了一个"仪式设计顾问"的角色，她与初创企业以及联合办公空间合作，为它们设计仪式。她研究了这些企业的价值观和文化，做了一些"假设性"的设计，以挖掘有可能适合这些团队的仪式。其中一些仪式最终在试点部署了测试。

将仪式运用到工作中的收获

童莉莲通过这项设计研究找到了处理工作中的冲突、压力和其他负面情绪的方法。她在仪式中使用的这些物品或做出的行为向人们传达了这样的信号：你可以在保持专业性的同时允许自己有情绪。仪式能让你认识到你对自己的工作或与同事相处产生的负面情绪，并释放这些情绪。

值得一提的是，她还研究了什么样的情绪能培养创造力。无聊和好奇是其中的两种。让自己感觉到处于平等的合作关系中，而不是处于等级制度中，同样可以起到培养创造力的效果。这些

都是让人们感到自信的关键。

童莉莲在她的"仪式设计咨询"项目中服务了一家初创公司。她举办未来研讨会，调研公司成员希望在未来看到什么样的情景、保持什么样的情绪。她还查阅了关于这些情绪的心理学研究文献。在合作项目中，她发现坐在同一高度的人更容易感到彼此平等。当人们穿上相同的衣服时，也会起到类似的效果。这启发了童莉莲，她因此设计了"蚕茧会议"仪式。在这项仪式中，人们会坐在地上开会，目标是帮助人们达到同步状态。

童莉莲发现，仪式是一种强大的工具，可以用它设计工作环境以迎合人们的情感需求。从传统意义上讲，设计师设计的是实体、数字产品或服务。但是仪式本身蕴含一种独特的正念、目标和意图。对个人或团队来说，工作场合的仪式具有不同程度的情感意义。

对未来工作的展望

随着越来越多的人加入零工经济的大潮中，人们不再固定于某个工作地点，这意味着我们需要找到一种方法，帮助分散在各地的人建立联系。童莉莲在她的设计工作中考虑到了这一点：当你和同事不在同一个地方时，彼此之间如何建立更深层次的联系？当你独自工作时，只能通过屏幕交流，在这种情况下，人们会产生更多的情绪，如沮丧、混乱、误解等，合作双方之间的矛盾可能会更加频繁地涌现。我们需要新的方法建立团队意识，对抗孤独。

未来职场的新变化也意味着，在公司内部，需要有更多的人从事文化方面的工作。面对这些日益增长的挑战，需要有人花时间了解公司内部正在发生什么样的变化、员工具有什么样的价值观和驱动力，然后公司通过设计新的仪式、活动和其他策略建立牢固的雇佣关系。

大象、死鱼和呕吐物
激发人们坦率的态度和增强抗压能力

26. 大象、死鱼和呕吐物

使用场景		**适用对象**	
这项仪式在你希望听到员工对工作进展情况发表真实的看法时使用。		这是一项组织型仪式,也适用于团队。	
准备道具		**难度等级**	
挑选一些能够引起谈论的话题作为开场白。		这是一项策划难度较低的仪式,只是换一种交谈方式而已。	

仪式简介

当你希望鼓励整个公司的各个团队成员之间进行坦诚的对话时,不妨试试"大象、死鱼和呕吐物"仪式。在开会时,人们可能会出现不够坦诚的情况,这项仪式可以打破这一现象,同时建立起一种新的对话方式,帮助人们解决难以克服或难以启齿的问题。

在这项仪式中,任何成员都可以说出"大象、死鱼和呕吐物"这句话。一旦有人说了这句话,其他的参会人员接下来都可以毫无顾虑地畅所欲言,对于还没有被提及的重要事件(大象)以及已经过去很久但人们无法释怀的事(死鱼),每个人都可以无所顾忌地表达自己真实的想法,甚至毫无目的、单纯地抱怨(呕吐物)都可以。

如何操作

这项仪式是由爱彼迎设计的,目的是建立一种更开放、更坦诚的工作文化。[41] 创始人之一乔·格比亚(Joe Gebbia)推动了这项仪式的实施。他致力于推动组织内从单向对话向更多的双向对话转变。坦诚是爱彼迎公司核心价值观的一部分,这项仪式为该价值观提供了现实可操作的方式。

　　这项仪式的灵感来源于爱彼迎公司内部进行的一项调查，调查结果显示，员工们认为公司需要建设公开、坦诚的工作环境。因此，此后所有的全体会议上都会进行"大象、死鱼和呕吐物"仪式，以促进公司成员之间更平等、开放地对话。

- 在团队会议或组织会议上，对这项仪式进行说明：任何人都可以说出"大象、死鱼和呕吐物"这句话，也可以只说其中的一个词，他们用这些词表示是时候进行更坦诚的对话了。
- 说出"大象"这个词时，意味着接下来大家需要讨论自己担心的但是没有摆在桌面上讨论过的问题。可以是即将发生的变动，也可以是非常糟糕的坏消息，或一些令人尴尬的事情。
- 说出"死鱼"这个词时，意味着接下来要讨论人们无法释怀的老问题，其目的是希望通过公开的讨论，让团队成员释怀（或者至少让团队成员意识到这些已经是过去的事情了）。
- 说出"呕吐物"这个词时，意味着接下来每个人都可以抱怨一些他们看不惯的事情，哪怕并不知道到底为什么抱怨。
- 当有人同时说了这 3 个词时，每个团队成员应该就任意类型的问题阐述自己的问题和观点，以便进行更真诚的对话。
- 也可以单独说出"大象""死鱼"或"呕吐物"中的一个词表达一个可能令人不舒服的观点。在听到这个关键词后，小组的其他成员可以考虑围绕这个类别有什么需要补充的内容。

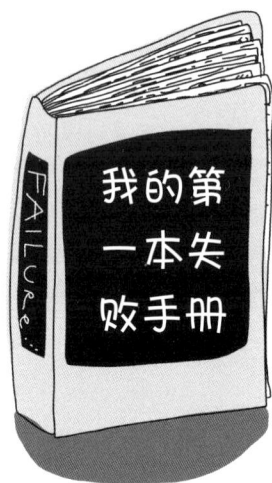

失败手册

与团队新成员一起接受弱点

27. 失败手册

使用场景

这项仪式在你希望帮助员工特别是新员工建立安全感时使用。

适用对象

这是一项团队型仪式，也可以稍作调整，在整个组织内进行。

准备道具

+ 一本可以往里面添加内容的书，例如一本剪贴簿，之后会在书中填充案例和剪报。

难度等级

这是一项需要进行一定策划的仪式，并要对失败案例进行记录和复盘。

仪式简介

"失败手册"仪式的目的在于帮助团队成员更坦诚地面对自己，并且建立安全感。这本手册会记录员工在工作中经历的各种失败。手册内容以简短的轶事、照片、速记和其他心得为主。

如何操作

新员工是这项仪式的主要参与者。在加入公司后，他们免不了会听说一系列关于公司和团队的优秀事迹。团队中的其他成员可以在第一次午餐聚会时与新员工分享之前的失败经验，让新员工翻阅前辈们在工作中曾犯过的错误。这样一来，新员工就会明白，当自己在工作中第一次犯错时，也必须把这次犯错的经历记录在手册中，供其他人阅读。那么在下一个新员工加入之前，他就会主动地把自己的失败经历写下来。这本手册会源源不断地收录新的案例，这样就会向团队成员传递一个信号——犯错误是被允许的，这会给新员工一种融入圈子的感觉。

不重复法则

推动团队成员不再纠结某个难题

28. 不重复法则

使用场景

这项仪式在你希望改变会议冗长的现象，避免在会议中重复讨论相同的问题时使用。

适用对象

这是一项组织型仪式，也适用于团队。

准备道具

可以在会议中增添具有幽默感的小物件，例如一个球拍或者一只橡胶小鸡。

难度等级

这是一项策划难度中等的仪式，需要投入精力设置一些人人易懂的规则。

仪式简介

如果在会议中出现围绕相同的抱怨或议题兜圈子的现象时，可以使用"不重复法则"仪式提示大家不要总是纠结于此。

这是一项精悍短小的仪式，在组织内以"不重复"为核心构建规则。在会议期间，任何人都可以在会议偏离主题或重复纠结于某一个问题时使用这项规则。他们可以举起一个代表"不重复"的球拍、卡片、橡胶小鸡或其他道具。他们无须说出"不重复"这个词，而是通过这个动作释放信号，让大家回到正题，不再纠结于那个消磨精力的话题。

这个仪式的目的是用一种简短、幽默的提示，让会议更加聚焦于重点，让参会人员能够以一种直接而非对抗性的方式打断没有意义的对话。

如何操作

这项仪式的核心是建立一套共同的规则，即每个人都有权要求"不重复"。一旦出现这个信号，其他人必须毫不犹豫地接受。这项仪式旨在建立一种文化，让团队成员能够自主地摆脱低效的讨论并达成共识——最好不要再纠结于此。

这项仪式在许多不同的场合中都已得到应用。Brivo 是一家安防管理系统软件提供商，这家公司在会议期间就会使用"不重复法则"，以确保会议能够聚焦在核心问题上。在会议期间，员工们可以举起代表"不重复"的乒乓球拍，向其他人表示某个话题已经被讨论过。之所以推行这项举措，是因为公司内部的会议时间总是拖延，总是会翻来覆去地纠结于某一项决定。[42] 公司给每个人都发了一只乒乓球拍，这样他们就可以在不需要任何解释的情况下打断没有效率的谈话。

软件公司 Atlassian 也在推行类似的举措。不同之处是，该公司把一只一捏就会尖叫的橡胶小鸡放在了会议桌上。当会议谈论的话题开始偏离主题时，任何人都可以捏一下这只鸡，让大家回归正题。[43]

此类仪式也被用于鼓励成员指出身边值得表扬的行为和需要批评的行为。哥伦比亚波哥大市前市长安塔纳斯·莫卡斯（Antanas Mockus）向居民们发放了 35 万套印着大拇指向上或向下图案的卡片。[44] 每个人都可以向同时驾驶汽车行驶在公路上的其他人亮出这些卡片，提示对方驾驶行为是否良好。这些卡片赋予每个人评价其他人驾驶行为的权力，其目标是通过赋予人们执行规则的权力保障文明驾驶的社会环境。在卡片实验和其他政策干预双管齐下的情况下，城市交通事故死亡率下降了一半。

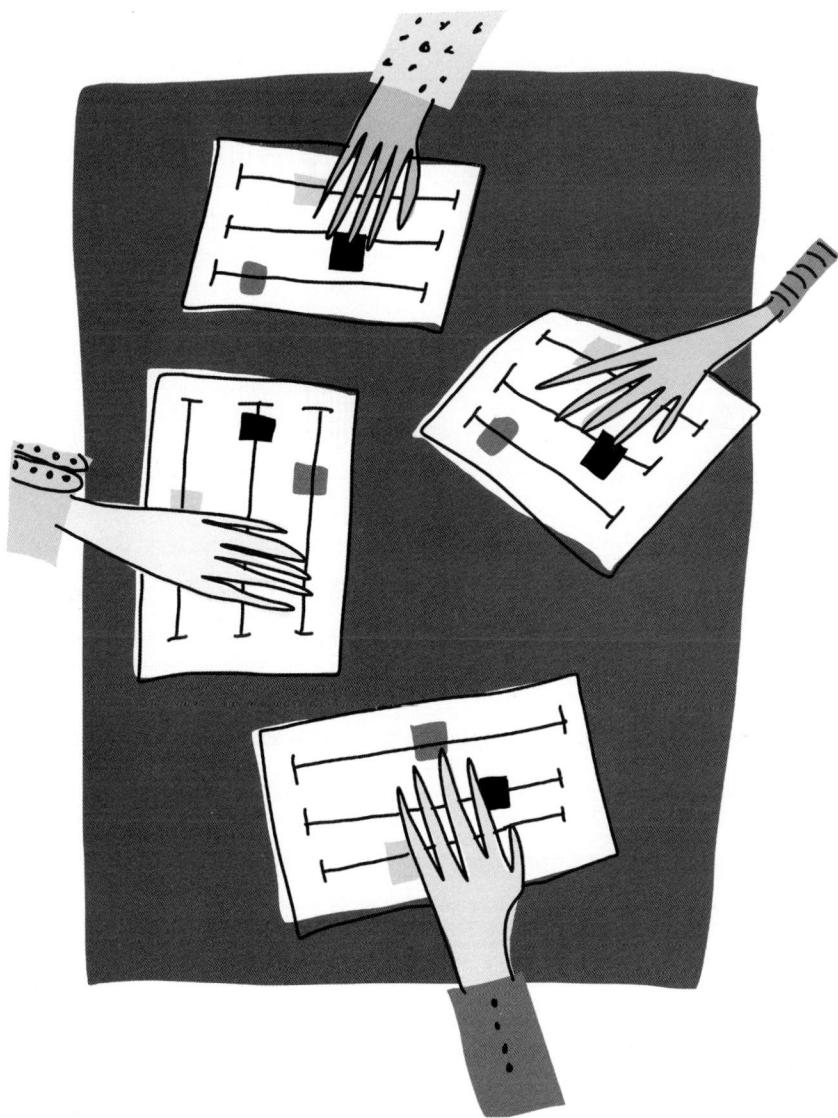

权衡滑块

在争夺优先权和资源时，避免发生冲突

29. 权衡滑块

使用场景

这项仪式在你希望在项目开始前鼓励团队团结一致，从而避免可能出现的冲突时使用。

适用对象

这是一项团队型仪式，也可以对它稍作调整，在跨团队和组织中进行。

准备道具

+ 白板或厚纸
+ 可以拨动的滑块
+ 便利贴

难度等级

这是一项策划难度较低的仪式，只需要准备一些道具。

仪式简介

当一个新项目即将启动时，你可能需要让团队成员团结一致，从而避免在未来发生冲突。"权衡滑块"仪式的目的是揭示未来可能出现的分歧，并提前化解这些分歧。

在新项目启动之前，团队成员可以聚集在一起，围绕项目建立相关任务指标，然后通过摆弄滑块对项目优先级达成共识。如果团队成员之间存在观点上的分歧，这项仪式大有作为。团队成员可能很难就项目决策达成一致意见，而这项仪式可以帮助他们统一共识，共同决定如何平衡资源和任务指标的分配，以及项目决策的优先级排序，避免当下观点上的分歧在未来演化成争论。

如何操作

这项仪式来源于软件公司Atlassian[①]，该公司设计了"权衡滑块"仪式，将它用于统一团队方向，避免团队成员之间的冲突愈演愈烈。[45]Atlassian 公司在新项目开始之前，团队成员规划

---

① Atlassian 公司没有销售人员，仅通过口碑传播获得客户。截至 2017 年，其市值超过 50 亿美元。Atlassian 公司的销售成本占营业外收入的比重持续保持在 18% 左右。正是出于轻销售策略，Atlassian 公司已经连续 11 年盈利，2017 财年营业收入超过 6 亿美元。——编者注

项目进展时会进行这项仪式。

- 召集团队成员，给每个人准备一沓面积较大的白纸。

- 召开一次会议，让团队成员决定为了确保项目成功应该设定哪些核心指标。通常情况下，这些指标应该包括时间、工作范畴和预算，但是不要干预，让团队成员自己决定到底设定什么指标。

- 设定好指标后，在白板或厚纸上写下所有指标，在每个指标后面画上一条直线作为标尺，代表该指标的可浮动范围。在每条标尺两端都标上值：一端标上"协商余地最大"；另一端标上"协商余地最小"。

- 用两种颜色的便利贴表示滑块，一种颜色用于第一轮排名；另一种颜色用于最终的全队决策。

- 给每个人每个指标一个标尺滑块。提醒大家滑块之间是相互影响的：如果把一个滑块摆到了左边，那么另一个滑块就必须摆到右边。

- 设定 5 分钟的时间让大家安静地设置自己的滑块。每个人都要按照自己的想法为每个指标设定优先级，不能与他人讨论。

- 5 分钟之后，开始集体决策。每个人阐述自己对每个指标的优先级评级。大家进行一轮简短的讨论，然后共同决定每个指标优先级如何安排。

- 当团队达成共识后，用另一种颜色的标尺在白板上为每个指标做出"最终"标识。

- 当所有的滑块都已就位后，拍一张照片——把所有参与的人也拍进去，以此纪念团队成员达成共识的这一时刻。与大家握手、击掌，感谢每一个人对此所做出的贡献。

片刻时光罐
通过欣赏他人修复彼此之间的关系

30. 片刻时光罐

使用场景

这项仪式在你需要让团队成员彼此之间更加欣赏，并防止成员之间关系恶化时使用。

适用对象

这是一项团队型仪式，也适用于个人。

准备道具

+ 一个大罐子
+ 纸片

难度等级

这是一项策划难度中等的仪式，因为你需要投入时间和精力写满这些纸片，确保它们在需要的时候能派上用场。

仪式简介

"片刻时光罐"仪式能够帮助团队成员养成欣赏他人所做贡献的习惯，从而建立起健康的团队氛围。当一名团队成员做了一些很棒的事情时（无论是帮助他人在截止日期前完成任务，还是完成了一场出色的报告，抑或是与他人分享了精致的纸杯蛋糕），另一名团队成员可以把这些优点写在一张小纸片上，然后放进罐子里。罐子应该被定期清空，比如在每周全体会议结束时清空。

"片刻时光罐"应该成为团队日常工作的一部分，这是一种让每个人所做贡献都得到认可的有效方式。每周罐子里那些写着各种各样、小小的欣赏的纸条都应该比上一周更多。这些纸条随时都可以派上用场，帮助团队建立积极的关系。团队可以每月公开一次罐子里的内容。

如何操作

这项仪式来源于阿尼玛·拉沃伊（其个人简介参见本章之前所述）设计的"片刻时光罐"仪式，她在此基础上进行了一些调整。她原本的设计是用于个人维持健康的恋爱关系或家庭关系的，而我们这里所讲的仪式，不再仅仅是一种维护个人关系的方法，而是一种维护团队成员之间关系的方法。团队成员之间会亲近，也会疏远；会有关系紧张的时候，也会有彼此嫉妒的时候，更会有相互合作的时候。这项仪式能够帮助团队建立更加积极的关系，抵御消极的关系。

- 取一只透明的大罐子，把它放在人人可见的地方。在罐子附近摆上一些便利贴或便签。

- 向团队成员说明：可以在纸条上写下别人的优点以及对方所做的贡献并放入罐子中，以此表达自己的感激之情。在每张自己写的便签上签名并注明日期。

- 在理想的情况下，人们会定期地往罐子里放入纸条，罐子里的纸条会越来越多。这个方法虽然简单，却能很好地记录那些美好的时刻。

- 当罐子里存放了至少 25 张或 30 张纸条之后，人们就可以取出纸条看看。团队成员可以在每周例会、团队午餐或其他团队活动上公开这些纸条。我们的目标是关注那些微小的、充满正能量的时刻。

- 团队也可以每周举行一次集体活动。团队成员可以每周从罐子里抽出一张纸条，就像抽彩票一样。每个人可以把自己抽到的纸条保存起来，让这一周更加难忘。

6

Community
and Team
Building
Rituals

第六章

圈层建设与团队
建设的仪式

圈层建设仪式可以通过创造一些圈层的专属符号、故事和历史帮助人们建立一个共同的身份。这些可以作为建立圈层核心价值观的手段，帮助人们建立情感连接。

仪式是让会议更高效的关键要素。仪式能为日常工作增添幽默感、惊喜和意义，让同事们展现出最好的一面。仪式可以帮助人们保持同步、提高工作效率，并建立更强的同理心。

在什么情况下使用圈层建设与团队建设的仪式

个人

+ 建立身份认同，培养归属感

+ 增强团队成员之间的同理心

+ 分享个人经历，增进感情

团队

+ 不同地域的成员共同庆祝节日

+ 增加不同办公室的团队成员之间的凝聚力

+ 在不同区域的团队之间建立连接

+ 与队友保持同步，激发他们的探索欲

组织

+ 创造共同的记忆，培养身份认同感

+ 让更多的人建立对公共服务的认同

+ 化解团队与团队之间、部门与部门之间的隔阂

10 项圈层建设与团队建设的仪式

31 胸章礼

建立一种身份认同感和归属感

32 远程假期派对

跨地域的人们一起庆祝共同的文化

33 全球混音带

通过分享音乐，每周更了解同事一些

34 轮流签到

简短地介绍生活状态，快速建立联系

35 3 秒分享日

用故事增进虚拟团队的感情

36 走会
让小组步调一致，同时鼓励探索

37 背景故事晚宴
在一场特别的晚宴上分享你的个人成长史

38 全年照
用图片的方式创造共同的记忆

39 公民事迹
对团队公民的影响力和积极参与表示认可

40 烘焙联赛
通过烘焙联赛打破部门之间的隔阂

胸章礼

建立一种身份认同感和归属感

31. 胸章礼

使用场景

这项仪式在你需要帮助刚刚接受完培训的团队成员建立共同的身份认知和自信时使用。

适用对象

这是一项团队型仪式，也适用于跨团队合作项目和组织。

准备道具

+ 能够代表身份的胸章
+ 一段文字脚本
+ 盛放胸章的盒子，以及其他能让这项仪式看起来更严肃的道具

难度等级

这是一项需要一定策划的仪式，在策划早期会涉及成本支出。你需要定制一些胸章。

仪式简介

"胸章礼"仪式是斯坦福大学设计学院设计的一种结束典礼。对一个总是有无数工作和任务需要完成的班级来说，这项仪式能够让大家清晰地意识到，过去每天的匆匆忙忙已经在这个时间点画上了句号，并且给大家留下了一个特殊、难忘的时刻。这项仪式能够让人们意识到，这个班级的成员即将各奔东西，大家应该停下匆忙的脚步，珍惜最后在一起的时光。

这项仪式也能教会参与者保持自信心和包容心。许多来上课的学生都是想沉下心来好好学习的。他们认为自己是一个初学者，设计能力不强。"胸章礼"仪式则给了他们信心，让他们知道，自己了解设计，也做过设计工作，他们是设计学院大家庭的一分子。

如何操作

在设计学院，每个班在最后一个学期时都会进行"胸章礼"仪式。一旦学生学完了课程并通过了考试，就会举行这项仪式，就像举行一场小型的毕业典礼一样。

- 导师们需要手持一个特殊的红色天鹅绒盒子和一沓台词脚本。仪式组织者需要

让全班同学围成一圈，不要告诉他们这是要干什么。

- 导师们需要把红丝绒盒子的盖子打开，绕着学生走一圈。红色的盒子里有 5 种不同的胸章：代表设计学院的 5 种标识。这些符号没有特定的含义，但是学生可以猜测并说出每个符号的含义，以及这些符号对自己来说具有什么意义。
- 每个学生从中挑选一枚胸章，接下来就要举行典礼仪式了。
- 围成圈的所有学生两两配对，互相为对方别上胸章。
- 在戴胸章的过程中，导师们拿出写好的台词脚本，宣布大家正式毕业，成为设计圈的一分子。

如何应用

"胸章礼"仪式可以应用到其他纪念"事情即将结束"或者任务顺利完成的场景。把胸章作为整个仪式的核心非常明智，部分原因在于胸章非常精致小巧。对方需要慢慢地、刻意地、与你面对面才能把胸章别在你的衣服上。别胸章这一行为让这一刻显得更加重要。

台词脚本可以按照需要进行调整，甚至可以只说一个短语。关键的一点是，主持人应该发表一些比较正式的致辞，让它更像是一项仪式，而不是一种常见的简单互动。

伊莎贝尔·贝恩克（Isabel Behncke）

灵长类动物学博士，演化心理学和
行为科学家

对仪式的研究

伊莎贝尔从事的是对历史的研究。她研究了在倭黑猩猩族群中以及在史前社会中仪式的进化
起源，这可以帮助我们理解仪式在当下和未来具有何种力量。

她的研究探讨了人类仪式产生的背景，与其他社会性动物相比，对人类仪式的研究不仅要结
合自然环境，还要结合特定的圈层和文化。

伊莎贝尔研究了人类现存的近亲——倭黑猩猩。她发现，倭黑猩猩族群内部很少产生纷争，
而且非常团结。围绕倭黑猩猩，她提出了这样一个命题：我们能否从倭黑猩猩族群进行的仪式中
有所借鉴（如果它们有仪式）？倭黑猩猩成功地创造了一个没有致命暴力的社会，而人类和黑猩
猩都没有做到这一点。伊莎贝尔跟踪了刚果丛林中的倭黑猩猩，发现玩耍行为是它们能够维持和
平的关键。她观察到，在丛林深处，倭黑猩猩会在特定的时间、地点和环境下玩耍，就像是人类
社会中的某项仪式一样。而在这些倭黑猩猩当中不是只有未成年的倭黑猩猩，成年的倭黑猩猩也
一样，而且这种行为很多时候是由具有权威的雄性倭黑猩猩组织的。

在揭示了社交性游戏对于我们的近亲倭黑猩猩的重要性的基础上，伊莎贝尔开始探索人类在
节日中进行的游戏和仪式。她对新石器史前时代的狩猎节日、内华达州的火人节和巴西狂欢节等
现代节日进行了研究。

研究仪式的收获

在研究过程中，伊莎贝尔发现了重要的一点：节日仪式（而且很可能所有的仪式）都植根于
游戏行为。事实上，人类最重要、最持久的跨文化仪式都植根于游戏。人类共享食物、饮料，创

作音乐，并且采用一些相同的行为方式。对强烈情感的共同感受使人们走到了一起。人类为了进行与仪式相关的休闲活动而建设了专门的空间。我们欢笑、创造、分享，这些在现代世界文化中每一天都在发生的情况，在我们建立城市、驯养动物和种植植物之前，就已经发生了。

伊莎贝尔将这些行为命名为"社交技术"。之所以认为这些行为是技术，是因为它们能够提供某些常规功能：它们能够把人们紧密地联系在一起，而且能增强创造力。正是因为仪式的存在，人们才得以在遥远的过去造就人类文化和人类社会。随着技术的不断尝试和测试，这些社会技术将继续把人类文化和社会延续到遥远的未来。

参加仪式等于以人类的方式生存。伊莎贝尔还说道："你告诉我平时参加什么样的仪式，我就能判断你是什么样的人。"这一点可以用于观察一个圈子或组织举行什么样的仪式。如果你用人类学家的眼光审视一个群体当前的仪式状态，你就会发现很多其文化当中不成文的规矩。

反过来也一样。通过改变和实施新的仪式，一个团体可以改变其文化中不成文的规矩。例如，要想知道一个社区或一个大学的某个学院团结的程度，只需要观察他们是否组织集体宴会，看大家是否自愿共同享受美食、美酒和音乐，而不是被迫参加。同样，如果一群没有什么凝聚力的人开始习惯性地一起吃饭、喝酒、创作音乐，他们就会组成一个有凝聚力的、更完整的社会单元。

你告诉我平时参加什么样的仪式，我就能判断你是什么样的人。

对未来工作的期待

　　人类如何能够在技术的推动下变得更聪明，以便赶上我们正在创造的技术所释放的力量？对此，伊莎贝尔抱有很大的期待。这是一场巨大的变革，而人类还是一个手中握着强大工具（或武器）的孩童。我们必须提高自身的能力。伊莎贝尔说，我们痴迷于思考科技、机器人等技术将如何改变人类的面貌，这是可以理解的。的确如此，因为许多事情已经在发生变化。但至关重要的是，我们还应该关注那些不太可能改变的事物。对这一点的认知可以让我们保持坚定、理智，并推动我们前进。

　　例如，其中一个不会改变的事实就是，我们是哺乳动物，是社会性灵长类动物。因此，我们仍然需要相互走动，与他人分享食物和欢笑，满足情感上的需求，从音乐中获得释放，进行频繁的、面对面的互动、社交，并把自己融入大自然和有趣的活动之中。伊莎贝尔已经预想到，许多仪式会随着新技术的出现而改变，但她也非常兴奋地看到，有多少仪式的核心并没有改变。做人意味着要适应变化，但是我们有自己坚守的仪式，因为这些仪式最终会帮助我们适应变化。

　　伊莎贝尔建议我们要使用社交技术（如分享美食和美酒，创作音乐，一起做同样的事，分享强烈的情感体验）创造更好的社会和文化。然而，与任何强大的技术一样，社交技术也可能被滥用。她建议我们要考虑得长远一些，并始终将社会的利益作为任何仪式最核心的因素考虑。她还警告我们，要警惕集权者。一项仪式可以是连接的纽带，但也是一种束缚。这是一把"双刃剑"！

　　此外，伊莎贝尔还强调了游戏在设计意识或推广一项新仪式中的重要性。首先要注意的是，减轻你的团队的恐惧感。恐惧和压力会扼杀"玩性"。如果你想让爱玩的人接受新的仪式，首先要在群体中创造一种轻松的文化，尽量减少欺凌和其他容易引起恐惧的行为。

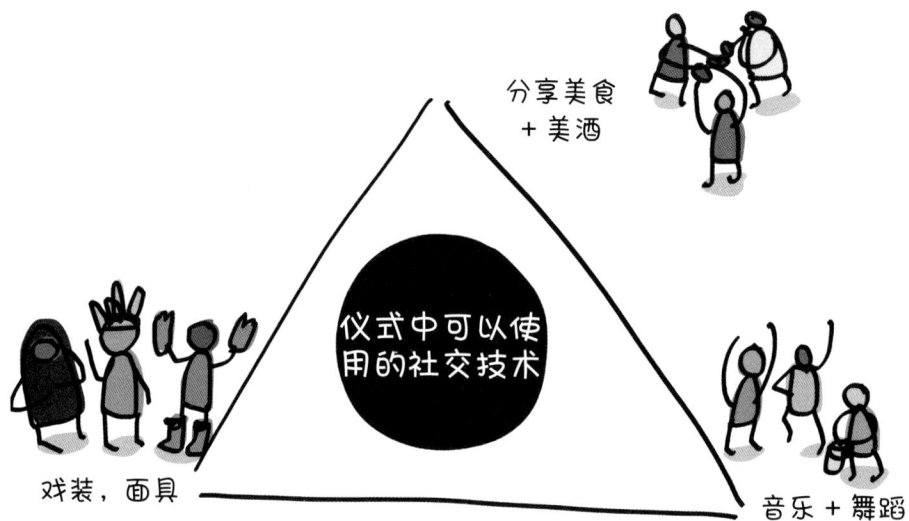

分享美食
+ 美酒

仪式中可以使
用的社交技术

戏装，面具

音乐 + 舞蹈

远程假期派对

跨地域的人们一起庆祝共同的文化

32. 远程假期派对

使用场景

这项仪式在你想要为多个彼此之间较生疏（不会经常一起"出去玩"）的团队举行一场庆祝活动时使用。

适用对象

这是一项团队型仪式，也适用于跨团队合作项目以及组织内部。

准备道具

+ 摄像设备
+ 线上会议软件
+ 根据需要准备节日派对道具

难度等级

这是一项需要一定策划的仪式。你需要准备道具，组织大家交换礼物，也许还需要准备美食和音乐。

仪式简介

当团队成员身处多个不同的地点时，举行节日聚会就不是一件容易的事情。"远程假期派对"仪式是为跨区域团队量身打造的一项仪式，可以帮助人们相互了解，在虚拟的环境中一起休闲放松。[46] 这是一种除工作视频或电话会议之外，可以改善工作关系的方式。

当假日季到来后，组织者可以为跨地区团队举行一场假日聚会。团队成员可以设定一个聚会主题，确定聚会的时间，让不同时区的同事都能玩得开心。庆祝活动可以包括几个环节，如面对面的交流、吃饭、喝酒，然后进入虚拟连接环节。在这一环节中，大家可以相互交换礼物、颁发奖项、互相道谢，或者举行其他更正式的活动。

如何操作

"远程假期派对"的目的是使用通常用于工作会议的视频会议技术，帮助人们与身处异乡的伙伴建立联系，一起度过一段轻松的时光。

你可以在一个轰趴馆内设置视频会议，让本地的小组呼叫其他小组，也可以把视频会议设置成一对一的个人之间的交流，这些都取决于技术能否实现。

组织者应该创建一个歌单分享给各个小组，以便不同的办公室可以播放相同的音乐。如果组织者们愿意，也可以鼓励团队成员穿上节日派对服饰。

聚会的一个关键环节是交换礼物。这个环节可以设置成"神秘圣诞老人"活动，每个人随机抽取一位其他办公室同事的名字，为他购买一份礼物，并在派对前送出礼物；然后在一个固定的时间，大家互通视频，一同打开礼物，这样每个人都可以看到交换礼物的瞬间。每个人在打开礼物的时候，需要猜猜他们的"神秘圣诞老人"是谁。

另一种交换礼物的方式是团队为特定的人购买礼物。例如，软件公司 Less Accounting 会举行一项在线送礼仪式。[47] 它们的员工分布在 6 个不同的时区。他们会在一个特定的时间举办节日聚会，每个人都需要用笔记本电脑登录会议室。公司会为每位员工提供一定数额的钱，让他们用这笔钱购买礼物。

然后，团队轮流为每位同事购买礼物。轮到自己的时候需要关掉自己的音频，由其他人商量决定购买什么礼物。买好礼物、确保礼物会尽快送到后，就可以为下一位同事挑选礼物了。

全球混音带

通过分享音乐，每周更了解同事一些

33. 全球混音带

使用场景 这项仪式在你想在跨区域团队之间增进情感连接时使用。	**适用对象** 这是一项团队型仪式，也适用于跨团队合作项目和组织内部。
准备道具 + 能与他人共享的在线音乐	**难度等级** 这是一项策划难度中等的仪式，你需要创建一份歌单，并与团队共享。

仪式简介

"全球混音带"仪式的具体做法是组织跨区域团队定期分享音乐，以鼓励人们彼此之间相互了解，并建立除会议和邮件以外的联系。这项仪式的另一个重点是发现新的音乐，享受每周一次的惊喜。

如何操作

每周由不同的团队负责设置歌单。他们扮演 DJ[①] 的角色，他们需要选择一些自己最喜欢的歌曲分享给其他人听。通过分享歌单链接，主持团队可以看到同事们最喜欢哪首歌。不同的团队需要轮流承担分享歌单的职责。此外，应该设定一个固定的"放松"时间，当值团队在周一上午发出歌单。这项仪式可以帮助我们给自己一个小惊喜，也是一种了解其他办公室同事的新方法。

---

① 英文全称 Disc Jockey，可以翻译为唱片骑师。DJ 是随 AIPAOP 文化和 DISCO 发展起来的一种职业，工作主要是打碟。通常，DJ 是指夜店（club）、酒吧等场所的打碟工作者。——编者注

我两岁的孩子终于学会叫"妈妈"了。

我们乐队明晚有一场演出。

我冬天要去夏威夷度假。

轮流签到

简短地介绍生活状态，快速建立联系

34. 轮流签到

使用场景

这项仪式在你希望让团队成员之间熟络起来并建立起同理心时使用。

适用对象

这是一项团队型仪式，可以两人一组进行。

准备道具

+ 不需要准备道具，只需要组织一场会议

难度等级

这是一项策划难度较低的仪式。你只需要在每次进行仪式时写一份脚本。

仪式简介

许多团队会举行"站会"仪式沟通手头正在进行的工作。"轮流签到"是一项简短的问候仪式，旨在营造一个友好的环境氛围，鼓励大家分享生活中除工作以外的其他新鲜事。在这个简短的仪式中，团队中的每个人都要在会议正式开始之前分享一下自己的生活中发生了什么新鲜事。不需要说太多，几句话就可以，想分享多少就分享多少。

这项仪式能够帮助团队成员彼此之间建立联系，增进感情，这也是团队成员向其他人展示自己生活状态的一种方式。

如何操作

"轮流签到"仪式通常在开会之前进行，比如每日或每周的站会。当人们凑在一块儿聊正在做的事情时，就可以要求他们分享一下个人最近的生活状态，既可以是家里发生的新鲜事，也可以是自己的兴趣爱好、周末活动，或者类似的话题。

软件公司 Medium 会定期举行"轮流签到"仪式，通过这项仪式让团队成员知道，在公司也可以流露出非工作状态的一面。[48] 其目的是通过简短地分享个人状态强化团队文化。在这样的文化中，人们可以随意分享自己的感受，不用害怕展示出脆弱的一面，同时在团队成员之间建立同理心。

　　"轮流签到"仪式还可以提升团队的包容性，减少团队成员的顾虑，促使他们对生活中那些重要的事情侃侃而谈。在理想的情况下，这项仪式可以帮助所有团队成员在整个会议过程中信心倍增，畅所欲言。

当你的虚拟团队
成员分散在不同
的地区工作时

（圈）
分享日

指定一个时间作
为"分享日"，
所有成员都要分享一
下自己这一天的经历
（可以指定一名搭档
分享）

在这一天的每小时
中，人们都要挑选出
3秒，描述自己当时
在做什么＋自己当
时在哪里

可以把这些"3秒片
段"做成一个故事合
辑，在之后的一周
内，每次会议上讲述
一个人这一天的故事

也可以一个片段一
个片段地直接与搭
档分享

3秒分享日
用故事增进虚拟团队的感情

35. 3 秒分享日

使用场景
这项仪式在你想帮助不同办公室的团队
成员相互了解时使用。

适用对象
这是一项团队型仪式。

准备道具
+ 带有摄像功能的智能手机
+ 建立一个图片共享文件夹
+ 群聊软件

难度等级
这是一项策划难度较低的仪式。你只需要
新建一个文件夹，并提醒大家拍照即可。

仪式简介

"3 秒分享日"仪式可以帮助跨地域的团队成员之间建立更亲密的私人感情。这项仪式是在斯坦福大学设计学院的跨国设计课程中设计出来的，旨在帮助远程团队更好地互相合作。

如何操作

团队成员报名参加这项挑战后将被分成两人一组。在这指定的一天内，大家需要用手机摄像头记录一系列时长 3 秒的生活片段。你可以在早餐时、上班路上、上午工作时、午餐时、下午休闲时以及下班回家时拍摄 3 秒的生活片段。

然后，你可以把这些片段发送给搭档，或者把这些图片拼接在一起，剪辑成一段视频故事，分享给他人。搭档同样要回传他的 3 秒合辑作为回应，这样你们就能了解彼此的工作生活和所处环境。在会议上，各组搭档也可以与整个团队分享他们的视频故事，这样整个团队都可以了解他们的一天是如何度过的。

走会

让小组保持步调一致，同时鼓励探索

36. 走会

使用场景

这项仪式在你希望改变会议的氛围，使其更具创造性、启发性和活力时使用。

适用对象

这是一项团队型仪式。

准备道具

+ 无须准备道具。如果走会的最终目的地是个有趣的地方，这项仪式的效果会更好。

难度等级

这是一项策划难度较低的仪式。你只需要设定好时间和目的地。

仪式简介

"走会"是一种简单的仪式，一般在人们讨论一个问题的解决方案或头脑风暴时使用。在这项仪式中，人们会沿着一条路线一起徒步。这项仪式改变了传统会议或研讨会的形态，使其从静态的面对面座谈状态转变为一种肩并肩前行的动态性体验。

如果一个小组处于长时间的会议或讨论状态或者长时间坐在电脑前时，"走会"可以起到显著的效果。通过改变人们的日程安排，大家一同步行前往一个共同的目的地，可以让团队成员之间建立起新的联系并在会议期间激发更多的灵感。

如何操作

研究表明，步行可以提高人们的创造力和聚合思维能力。[49] 当人们一同走在路上时，他们的大脑思维也能达到同步状态。一起散步可以增进人与人之间的联系。当人们肩并肩往前走而不是面对面地隔桌而坐时，人与人之间的层级感会削弱，更容易引发彼此平等的对话。"走会"仪式能鼓励不同资历背景的人以更平等的姿态相互交谈。

在"走会"中谈论和探索与创造力（而不是聚焦的深度工作）相关的议题，效果会更加显著。[50]"走会"的关键是，要让参会的不同群体参与到不同的对话当中，探索和迸发新的想法。然后，组织者可以选择一个休息点将所有人召集在一起，分享所讨论的内容，根据需要安排接下来的日程。

在组织"走会"时，组织者需要考虑以下几件事。组织者应该留意安排好徒步路线和时间，这样大家就能了解该如何利用好这段时间。如果能在徒步的过程中找一个有趣的地方稍作停留就更棒了，这能给团队一种目标感，让大家更愿意参与这样的行程。

在理想的情况下，参加"走会"的人员应该两人一组或三人一组成行。因为是在办公室外面开会，所以更需要介绍会议目标、议程和流程。如果有必要，还可以为每个人分配角色，比如主持者、协助者或速记员等。

背景故事晚宴
在一场特别的晚宴上分享你的个人成长史

37. 背景故事晚宴

使用场景

这项仪式在团队成员之间需要建立私人关系和同理心，从而建立更好的工作关系时使用。

适用对象

这是一项团队型仪式。

准备道具

+ 晚餐
+ 投影设备

难度等级

这是一项需要一定策划的仪式。你需要准备好晚餐，并协助大家顺利地分享他们的故事。

仪式简介

"背景故事晚宴"是一项团队型仪式，目的在于更好地了解团队成员的过去，如他们的家庭背景、教育经历、价值观和人生目标。这应该是一项定期的活动，例如每周或每月进行一次。晚宴需要有一名主持人。每个分享者有 1 小时的时间讲述自己的背景故事，可以使用幻灯片、视频、讲义或者任何自己喜欢的形式进行展示。分享者还可以指定晚餐菜单，比如指定他们最喜欢的或能够代表他们成长史的菜肴。

在晚宴期间，团队成员全部聚集在一个舒适的空间内，就好似他们即将要看一场家庭电影一样。每位分享者在规定的时间内分享自己的生活故事，其他人可以边吃边听；然后小组成员可以提问，与分享者进行互动。通过这个方式，团队成员可以在对方身上找到新的发现，并借此机会建立同理心。

如何操作

"背景故事晚宴"原本是斯坦福大学奈特设计学院奖学金项目中实施的一项仪式。每年当新成员到齐之后，每个人就会在项目开始时轮流主持"背景故事晚宴"。这是一项提升团队凝聚力的仪式，给大家一个从来自不同背景的朋友身上发现闪光点的机会。

这项仪式还可以进行一些改造。IDEO 公司也在实施一种类似的仪式，被称为"IDEO 故事"，这是一种游击式的现场讲故事活动，旨在帮助设计师学会更好地叙事。这项活动上线后，IDEO 公司意识到这不仅仅是一个锻炼员工技能的活动，更是一种展示员工独特个人背景故事和提高公司凝聚力的方式。[51]

在 SAP Apphaus 工作空间里，这项仪式则是以闪电演讲（Pecha-kucha）的形式进行的：一共展示 20 张幻灯片，每张幻灯片只能花 20 秒（总共 6 分 40 秒）的时间讲述。这种风格使演讲以简洁、快节奏的方式进行，非常适用于多个演讲者快速地讲述自己的故事。任何组织都可以举办一场"闪电演讲背景故事"之夜，让各个团队的成员在 7 分钟内讲述自己的生活故事。

年末收集团队
这一年来努力
工作的照片。

把这些照片做
成一幅"巨幅
拼贴画"挂在
墙上，以此记
录这一年的
经历。

2020

全年照
用图片的方式创造共同的记忆

38. 全年照

使用场景

这项仪式用在把过去发生的事拍照制成海报，挂在团队成员办公室里，以此纪念过去的场景中。

适用对象

这是一项组织型仪式，也适用于团队。

准备道具

+ 一张巨大的海报或一面墙
+ 团队在之前工作中留下的照片

难度等级

这是一项需要一定策划的仪式。你需要收集照片做成拼接画，并找到合适的摆放位置。

仪式简介

这项仪式有点类似于家庭照片墙，只不过应用场景从家庭换成了组织。该仪式将组织内部成员过去的经历以可视化的方式呈现出来。在年末的节日聚会或其他活动上，团队成员可以分享过去一年中所拍摄的照片。

这些图片既可以是工作照、聚会照和生活照，也可以是大家电脑屏幕的截图，或者是他们工作成果的照片。每个人都必须至少分享一张照片。此外，需要请一位熟悉平面设计的同事，把这些图片拼成一张巨大的拼贴海报。你可以把它打印出来，装裱起来挂在墙上，还可以把这张海报做成贴画，贴满整个墙壁。视觉化手段的好处是能够把过去的工作经历以叙事的方式呈现出来，同时也能给组织带来一种家的感觉。

公民事迹
对团队公民的影响力和积极参与表示认可

39. 公民事迹

使用场景

这项仪式通过分享对组织具有影响力的事迹，重申组织的共同价值观和公民责任。

适用对象

这是一项组织型仪式，也适用于部门和团队。

准备道具

+ 一顿美餐
+ 用来展示照片和幻灯片的投影仪

难度等级

这是一项策划难度中等的仪式。你需要规划好时间和地点。

仪式简介

"公民事迹"是一项定期的活动，旨在关注组织中对团体产生影响力的人。这项仪式也可以帮助更多的人加入有意义的活动。

所有从事志愿工作、公益活动或其他公共服务，为更广泛的团体做出贡献的成员，都可以向整个组织讲述他们正在从事的项目。他们可以重点阐述一下自己为什么这么做，以及项目会产生什么样的影响。

这是一项轻量级的仪式，可以在其他会议、非工作场合或聚会中进行。这项仪式既能强化组织团体的价值观，又能吸引更多的人参与到公益事业当中。在这项仪式中，团队成员应该对那些为社区改善做出贡献的人表示感谢，让团队了解公民问题的重要性，并帮助人们找到与他们拥有共同志趣的同伴。

烘焙联赛
通过烘焙联赛打破部门之间的隔阂

40. 烘焙联赛

....

使用场景

这项仪式在你想要在跨部门之间建立连接，并举办一场增强组织凝聚力的活动时进行。

适用对象

这是一项组织型仪式。

准备道具

+ 准备一间进行烘焙比赛的房间
+ 投票工具
+ 美食

难度等级

这是一项需要一定策划甚至高度策划的仪式。你需要协调参赛者，并且组织活动和充当裁判。

....

仪式简介

"烘焙联赛"仪式是一种在组织中进行的轻松愉快的比赛，这项仪式通过组织跨部门的烘焙比赛，或者让不同部门的同事互相分享烘焙技巧，增进彼此之间的感情。这项赛事每周都会举办一次特别活动，让大家聚在一起，评选出最终的赢家。

联赛需要 4 ～ 6 周，每周都会有不同的挑战。组织中的每一个人都可以以糕点师或评委的身份参与进来。这项仪式既可以充当每周的集体聚餐，又可以为公司内部提供了一个热点话题：下周的挑战是什么？谁会胜出？

谁最终会胜出并不重要，重要的是让那些通常不能一起工作的人定期见面、交谈，并找到彼此之间的共同点。

如何操作

这项仪式源于一个大型的法律组织在某个夏天举办的烘焙比赛，它们每周都会为员工提供烘焙食品，同时给不同部门的人一个在日常工作之外单独见面、相互了解的机会。在同一个组织工作了几十年的人未必了解其他人在做什么。烘焙比赛是一种打破这些隔阂的方法。

- 设定好举行"烘焙联赛"的时间，需要4~6周，中间不要有其他大型活动或假期。
- 宣布"烘焙联赛"启动，在比赛过程中如果有人想加入，为他们安排好日程。
- 主持人宣布每周烘焙的主题(包括允许使用什么材料)，参赛的烘焙师必须围绕规定题目进行制作，比如馅饼、蛋糕、饼干、马卡龙等，以供评审。
- 主持人设置一个1小时的活动时间，每个烘焙师的作品都会以编号的形式匿名呈现。每一位组织成员都可以品尝所有的烘焙食品，然后在纸上写下他们最喜欢的点心的编号，放到中间的那个碗里。
- 在活动快要结束时，主持人需要完成唱票。得票最少的烘焙师将被淘汰，其他烘焙师将进入下一周的比赛。
- 在接下来的几周内，比赛将继续进行。在最后的决赛中，得票最多的烘焙师将获得奖品，奖品可以是皇冠、奖杯、锦旗或其他代表胜利的奖品。

烘焙联赛的影响

在上文提到的这家法律机构内部，这项仪式产生了很大的影响力：它为人们建立了一个固定的社交时间，让大家可以聚在一起，讨论工作以外的话题，了解彼此隐藏的才能。在烘焙比赛期间，员工可以和从未聊过的人交朋友。美食拥有一种魔力，它让人们聚在一起分享食谱和烘焙诀窍，同时让每个人都拥有了一双欣赏他人绝技的眼睛。

即使在每周1小时的活动结束之后，人们也会留下来聊聊天，讨论他们喜欢的话题，再来享受一轮美食。比赛结束后的几周，人们会分享食谱，谈论他们最喜欢的食物。现在，它已经成为这家机构一年一度的固定活动。

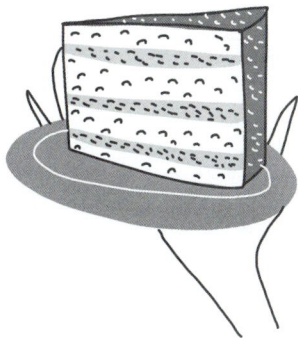

7

Org Change and Transition Rituals

第七章

辅助过渡与适应变化的仪式

个体、团队和组织都有生命周期，就像我们的个人生活一样。在工作中，会有新成员加入、老队友分别、部门合并、部门独立、升职、面临退休或降职，还会发生很多其他情况。

在这些变化发生时，仪式可以帮助人们有效地应对变化。仪式可以让人们重获掌控感，帮助他们理解正在发生的事情，适应新的角色和规矩，并在发生变化的期间保持平和的心态。

在什么情况下使用过渡类仪式

个人

+ 欢迎新同事加入组织

+ 庆祝"正式开始工作"

+ 应对工作中的变动

团队

+ 某项工作被叫停

+ 向新员工宣讲公司的价值观

+ 帮助临时组建的团队建立身份认同

+ 价值原点共创

组织

+ 在兼并、收购、领导层更替过程中保持稳定

+ 取缔某个部门或叫停某个项目

+ 管理组织变革的方向

过渡类仪式的作用

新成员加入和老员工离开时给予对方支持

当一名新员工加入组织或得到提拔时，无论对他个人来说还是对整个团队来说，很多新机会都会自然而然地展现在他的眼前。一场恰到好处的仪式可以帮助新员工融入新的角色，从而更快地适应新工作。

在举行欢迎仪式的过程中，组织的价值观可以得到充分体现，新成员可以更好地理解企业价值观。

当一名员工离开公司时，可以举行仪式作为一切的结束。无论员工自己主动离职还是被辞退，过渡仪式可以为他的生命中这一段重要的历程画上一个完整的句号。仪式可以帮助个人和团队更顺利地度过原本举步维艰的过渡期，而不是单纯地结束一段工作。

重述价值观

当组织中发生重大变化时，可能会破坏组织的核心价值观及其成员对价值观的理解。仪式可以通过持续地阐释价值观的内涵，达到强化价值观的作用。仪式还可以帮助企业更新价值观的阐述，更好地应对组织的变化。

为漫长的旅程调整目标

当一个项目开始或组建一支新的团队时，统一的目标可以让人们在踏上漫长的旅途之前达成共识。过渡仪式可以让项目组成员或团队成员之间保持步调统一。仪式还能激励团队成员，并帮助团队成员建立情感连接。

项目结束或团队解散正是进行复盘和建设性反馈的好时机。仪式可以提供一个基础的流程帮助大家共同应对负面情绪，让人们重新控制自己的情绪。

10 项组织变革过渡类仪式

41 纸杯蛋糕欢迎会

给新人一个惊喜，并展示公司文化

42 新员工培训毕业典礼

欢迎团队新成员

43 办公桌惊喜

通过创造惊喜建立团队关系

44 打破陈规

在方向性上做出深刻的改变

45 旧日"葬礼"

悼念过去旧的工作方式，开启新的旅程

46 纪念新离职员工

团队成员被解雇后，为这件事情画上句号

47 组织"婚礼"

有意识地让两队人马建立更加紧密的联系

48 取名者

为临时组建的团队迅速建立身份认同

49 皮纳塔欢迎礼

送新员工一份开工大礼

50 入职寻宝之旅

帮助新员工重新建立关系

纸杯蛋糕欢迎会

给新人一个惊喜，并展示公司文化

41. 纸杯蛋糕欢迎会

使用场景

这项仪式在新员工接受工作邀约但尚未正式上班时使用，欢迎他们加入你的公司。

适用对象

这是一项组织对个人的仪式：组织准备好礼物，送到新员工的手上。

准备道具

一份独特的新人礼包，里面包括入职指导说明。

难度等级

这是一项需要一定策划甚至精心策划的仪式。组织前期需要投入人力、物力设计欢迎礼物，并需要保证礼物与公司的核心价值观挂钩，但一旦设计出来，就很容易复制了。

仪式简介

当新员工接受你的工作邀请时，你可以举行一场独一无二、能够代表公司文化精髓的礼物赠送仪式表示欢迎他们。把原本普普通通的工作邀约发出流程变成一段让人永生难忘的经历，让新员工记住那种快乐的、意想不到的感觉，使其成为一段他们愿意和亲朋好友分享的经历（亲朋好友们也会和他们一起庆祝）。

例如，Dropbox 公司将"纸杯蛋糕"定义为它们企业文化的核心原则之一。因此，它们会给每一位接受了工作邀约的新人送去一个粉色的面包礼盒。盒子里有几个自制的小蛋糕，这样新员工们就可以品尝这些美味、独特的蛋糕，以此庆祝获得这份工作，并且很有可能会与他们爱的人分享这个喜讯。

"纸杯蛋糕欢迎会"的背景故事

"纸杯蛋糕礼盒"的创意是由 Dropbox 公司的一个设计团队提出的，该团队负责为新员工提供更好的迎新体验。他们在设计这项仪式的过程中遵循了两大洞见。当时，Dropbox 公司发展非常迅猛，公司需要用一种更有效的方式向新员工传达公司文化。此前，它们欢迎新员工的方式基本上就是把以前没用完的吃的、喝的、玩的一股脑地摆出来，这既不特别也不体贴。因此，设计团队开始关注如何更有效地传递 Dropbox 公司的文化。

"纸杯蛋糕"是 Dropbox 公司的核心价值观之一，它代表公司以轻松愉悦的心态开发新软件的工作态度。组织设计师克莱尔·彼德森（Claire Pedersen）正是从这一点吸取灵感设计出了欢迎仪式。她和团队成员一起制作礼盒，又一起用微波炉烘焙无麸质素食蛋糕放在盒子里。

如何操作

要打造一场欢迎仪式，首先必须清楚地表达创始人和公司的核心价值观。这项仪式的关键之处在于制作的"礼包"必须具有独特性且带有幽默感，能让新员工感到惊喜。但最重要的是，它必须能够代表组织传达出的独特价值。你可以借鉴一些设计方法集思广益。一旦你确定了想要传达的价值观，接下来要做的就是设计能够体现这些价值观的欢迎会礼物了。

欢迎礼物的效果

该团队制作了 1000 个"纸杯蛋糕欢迎会"礼物。为了保证做出来的蛋糕符合预期效果，团队与公司的厨师共同参与了制作。他们进行反复的实验，最终确定了一份适合微波炉加热的纸杯蛋糕食谱。

新员工们在拿到礼盒时的反应令人欣慰。一名新员工写了一篇文章，他在文章中讲述了自己收到纸杯蛋糕礼盒时的喜悦，并称这份礼物是促使他最终加入 Dropbox 公司的一个主要原因。许多人都表示与亲朋好友分享了这份礼物，甚至自己也为他人亲手制作了一份纸杯蛋糕。[52]

遗憾的是，Dropbox 公司内部已经不再进行这项仪式了，因为随着公司规模的扩大，它没能坚持下来。

新员工培训毕业典礼

欢迎团队新成员

42. 新员工培训毕业典礼

使用场景

这项仪式在新员工完成培训后，准备进入"正式工作"时使用。

适用对象

这是一项组织型仪式，也可以稍作调整用于团队内部。

准备道具

+ 美食
+ 音乐
+ 装饰品

难度等级

这是一项需要精心策划的仪式，需要协调大量的人力设计和组织这场仪式。

仪式简介

"新员工培训毕业典礼"是在新员工培训结束时举行的一项仪式，它被用来庆祝和表彰新员工在刚进入公司的前几周所做出的努力。这项仪式的流程与大学毕业典礼类似，但没有那么严肃，它更像是一场聚会。

7appos 公司会为新员工举行此类仪式。此类仪式的目的是庆祝新员工加入公司，进而营造一种家庭式的氛围。这场仪式还需要对新员工在入职培训的几周内所做出的努力表示赞许。在这几周，他们学习了新公司的运营体系，了解了公司文化，结识了大量的同事，这可不是一件轻松的事。

如何操作

- 为新员工培训毕业典礼设定一个主题。在举行仪式当天，所有员工应统一着装。

  在公司内举行一场游行活动，让大家听着音乐、吹着纸卷笛，一起加入进来。

- 游行活动结束后，新员工们将和导师们共进午餐、共饮香槟庆祝。然后，新员工们需要排成一队，典礼仪式正式开始。

- 让新员工站在房间外，其他员工拿着气球和礼物，吹着纸卷笛走进房间。受新员工邀请而来的亲朋好友都可以进入房间参加典礼。

- 整场仪式由一个核心小组负责。他们负责播放暖场音乐和幻灯片，以及在适当的时刻正式开始典礼仪式。新员工们在一位导师的带领下走进教室，回到座位上，与此同时，观众致以热烈的掌声。

- 接下来，由首席导师介绍本批新员工。在响亮而欢快的舞曲伴奏下，首席导师大声地念出每个学员的名字。被念到名字的新员工走上舞台，接过自己的毕业礼包。

- 领过礼物的新员工在台下等待其他人。等所有的新员工全部领完礼包后，组织者对大家的到来表示感谢，然后给他们 15 分钟的时间自由交流。到时间后，大家回到各自的工作岗位上。

"新员工培训毕业典礼"现实应用

刚开始，Zappos 公司举行的"新员工培训毕业典礼"规模很小。导师和新人在每一门训练课结束时都会分成两组进行一场对抗赛。这场对抗赛在教室内进行，只有一少部分人会参与，所以显得更像小圈子内部的一场典礼。

当 Zappos 公司搬到市中心之后，越来越多的人开始加入这项仪式。团队在仪式中加入了更多的流程，增加了举办仪式的次数，这使得这项仪式的计划性越来越强。目前，这项仪式的举行体系已经非常成熟，有专业的团队负责设置音乐和舞台灯光，并形成了标准的仪式流程。

办公桌惊喜
通过创造惊喜建立团队关系

43. 办公桌惊喜

使用场景

这项仪式在新员工入职的第一天使用。它可以帮助他们融入团队。

适用对象

这是一项团队型仪式。所有团队成员都应该参与进来，以确保新成员被介绍给每个人。

准备道具

+ 收集团队中每个成员的一件物品，确保这件物品背后有一段其主人的故事，这样能帮助物品的主人与团队新成员有话可聊。

难度等级

这是一项成本低、无须太多策划的仪式，但需要得到团队成员的认可才能展开。

仪式简介

"办公桌惊喜"是一项在新员工上班第一天举行的仪式。当新员工离开工位或去吃午饭时，其他团队成员就会在他的桌子上放一件自己的私人物品。当新员工回来发现自己的办公桌上堆满了东西时，必须拿着每一件物品到处询问它的主人是谁。当他找到那个主人后，两人就可以聊聊这件物品对它的主人来说具有什么意义。

对新员工来说，这项仪式是一趟带有游戏性质的探索之旅。它为新员工提供了一种与其他团队成员一对一互动的方式，帮助他们更好地建立关系，避免新员工产生"一人对抗多人"的感觉。

如何操作

· 新员工在上班第一天被介绍给团队其他成员后，一名团队成员应该分散他的注意力一小段时间，比如去喝杯咖啡或参观一下公司。

- 在此期间，其他团队成员每人在新员工的办公桌上留下一件自己的私人物品。这件物品应该与自己之前的经历有关。除了这些物品，大家还需要为新成员留下一个线索，提示他每件物品分别属于谁。

- 新员工回来以后，很可能会为自己办公桌上的东西感到惊诧。这时，团队成员需要告诉他："你要接受一项挑战——找出每件物品的主人是谁。"

- 这个游戏有一些基本规则。新员工不能向第一天指导他的人问超过 3 个问题，也不能直接询问这件物品的主人是谁。一旦完成这项挑战，新员工将得到一棵植物作为奖励。这份礼物代表仪式已经完成，并能为他空荡荡的办公桌增添一份色彩。

应用案例

这项仪式是由我们班同学为一家科技公司的创新团队设计的。自从同学们设计出这项仪式的原型以来，该公司就一直在使用这项仪式，只不过进行了一点调整。如果没有人扮演"仪式管理者"的角色，是很难收集到所有道具并把它们放在新员工的办公桌上的。

当同一天有不止一位新员工加入公司时，可以使用另一种方式：每个团队成员都在卡片上写下关于自己的一些特点或经历，而不是用实物代表自己。当新员工第一天上班时，团队负责人可以把所有的卡片打包成礼物送给他。这也是一项挑战，新员工需要将每张卡片上的故事与对应的人匹配起来。

如何应用

你可以指定团队负责人从其他团队成员那里收集道具或故事卡片。你应该先做一些研究，看看团队成员能否找到一个独特的道具轻松地讲述道具背后的故事。如果这个实现起来比较困难，你也可以让他们把个人特征或经历写在卡片上。

打破陈规

在方向性上做出深刻的改变

44. 打破陈规

使用场景

这项仪式用在一个组织改变其整体策略时。举行仪式时，团队成员可以破坏那些象征陈规的物品。

适用对象

组织成员应全体参与，以确保所有人都了解公司战略的转变，并积极应对过渡期出现的问题。

准备道具

+ 台式电脑（或者其他能够代表陈规的物品）
+ 类似锤子的器具

难度等级

这是一项需要支出一定成本、精心策划的仪式，需要得到团队成员的认可才能顺利展开。

仪式简介

"打破陈规"是一项组织型仪式，目的是正式终结旧有战略或已失效的策略。在这项仪式中，管理者需要把全体员工召集在一起，并且将一些代表"陈旧或失效的工作方式"的物体摆放在讲台上。这些物体的体积要大一些，并且可被销毁。然后，当全体员工聚集在一起时，管理者宣布："我们要一起毁掉这些玩意儿。"

每个人都要用大锤轮流把这些旧东西砸烂。这像一场皮纳塔（Piñata）游戏①——大家一起把东西砸个稀巴烂。这项仪式来源于 Zipcar 公司，在这项仪式中，员工被邀请砸毁台式电脑，以强化移动业务优先的战略认知。

这项仪式强烈地放大了企业战略转型的重要性。此外，它还为员工创造了一个宣泄情绪的机

---

① 皮纳塔（Piñata）是西班牙在圣诞节等重要节庆活动中的一种游戏。目标通常是由瓦罐或纸板甚至是糊上纸浆的框架加上彩纸装饰而成的，里面装上水果、糖果或者其他小玩意儿，游戏时用绳子挂在高处，由玩家手持长棍将其击落。——译者注

会，让员工通过破坏行为释放负能量和变化带来的焦虑。这也为整个组织创造了一个宣传企业形象的好机会。

如何操作

- Zipcar 公司的员工一直以来都是用台式电脑处理工作的。当领导层决定战略转型，将移动业务置于顶层优先级时，他们希望以一种更具象征意义的方式传达这一战略决策。

- 在这场仪式中，高管们希望大家更加重视这一时刻，于是给员工们发放了锤子。这样，员工们就可以摧毁两台台式电脑，亲自拿起武器与"旧观点"决裂。

- 这项仪式让大家深刻地体验了破旧立新（同时具有字面意义和象征意义），并迅速地改写了企业文化。这项承载了象征意义的企业仪式可以被传承下去，让公司中的每一个人明白，这正是企业未来的破局点。

应用案例

在举行了砸电脑仪式后，Zipcar 公司随即开展了更多的活动，以实现公司的平稳过渡。[53] 它们每周组织一次圆桌会议，邀请千禧一代的顾客与员工讨论他们的需求，以此为众多员工开辟一条听取用户反馈的渠道，进一步发挥了象征性仪式的作用。

如何应用

实施这种激进仪式的前提是，领导层需要对明确的战略方向达成共识。一旦决定实施这项仪式，具体的实施形式以及要摧毁什么样的象征性物品都取决于公司自身的文化背景。这项仪式需要给人们授权，让人们发自内心地实施一些实质上的破坏行为。

旧日"葬礼"

悼念过去旧的工作方式，开启新的旅程

45. 旧日"葬礼"

使用场景

这项仪式在团队或组织进行组织结构的调整和业务优先级转移，而一些员工无法适应时使用。

适用对象

这项仪式需要组织全体成员参与，以确保那些最难以适应的人能更好地应对这些变化。

准备道具

+ 展示旧有制度优点的海报、幻灯片、简短的演讲、视频或其他方式

难度等级

这是一项需要精心策划的仪式。它会造成一定的成本支出，并且需要获得经理层或更高层管理者的认同，从而保证仪式的正常展开。

仪式简介

"旧日'葬礼'"是一项典礼仪式，旨在让人们尊重和庆祝之前为了同一个目标所做出的奋斗和拼搏历程，并意识到这些已成为过去，未来不再延续。这项仪式同时也是转变旧有工作方式或团队结构的标志。"旧日'葬礼'"是一个明确的转折点，人们可以通过这项仪式清晰地知道自己已进入一个崭新的阶段。

这是一种组织变革策略，当员工难以适应现有组织结构将被重组的现实时，可以使用这种策略。在漫长的管理变革过程中，许多人可能会有怀旧、怨恨以及对原有工作方式难以割舍的强烈情绪。

如何操作

- 组织者公布终止项目、改变部门职能或调整组织结构的具体日期，会有新的项目、职能或组织结构取而代之。

- 在发布公告的同时，宣布将举行"旧日'葬礼'"（也可以换个名字）仪式，让人们知道将会举行一场活动纪念这一重大的组织变革。

- 任何人都可以为这一活动提供相关的照片和故事，组织者对此表示欢迎。这次活动的目的是庆祝旧有制度即将被淘汰，向那些为之奋斗过的员工表示感谢。

- 举行仪式的当天，组织者将大家搜集到的资料制作成海报和幻灯片。准备好美食、舒缓的音乐和饮料，就像举行一场招待会一样。

- 当人们陆陆续续到齐后，一名负责人扮演主持人的角色，欢迎每一位同事的到来，并重申此次活动的目的。

- 人们可以互相分享各自的故事，或者拿起麦克风讲述一下今后的日子里他们会想念什么，以及心目中最应受到大家崇敬的人（比如前任员工）。

- 在"旧日'葬礼'"仪式结束时，主持人向大家致谢。

如何应用

"葬礼"的隐含意义并不一定要在仪式中通过外在形式表现出来。不需要在仪式上埋葬什么东西，也不一定要有游行、赞美诗或悼词。但这项仪式应该承载"葬礼"的功能，让全体员工都意识到，正在发生一件重要的、令人悲伤的、可能带来心理创伤的事情。仪式中可以融合一些聚会的元素，包括美食、音乐和社交，但其主要目的是帮助大家应对这种失落，并为进入一段新的历程做好准备。

仪式中应该预留出分享故事和经历的环节，目的是给人们一个机会讲述他们的故事、经历，并对过去发生过的美好的事物表示感谢。仪式还应该为人们创造一个共同宣泄悲伤和焦虑的机会，而不是悄无声息地让过去的一切随风而散。

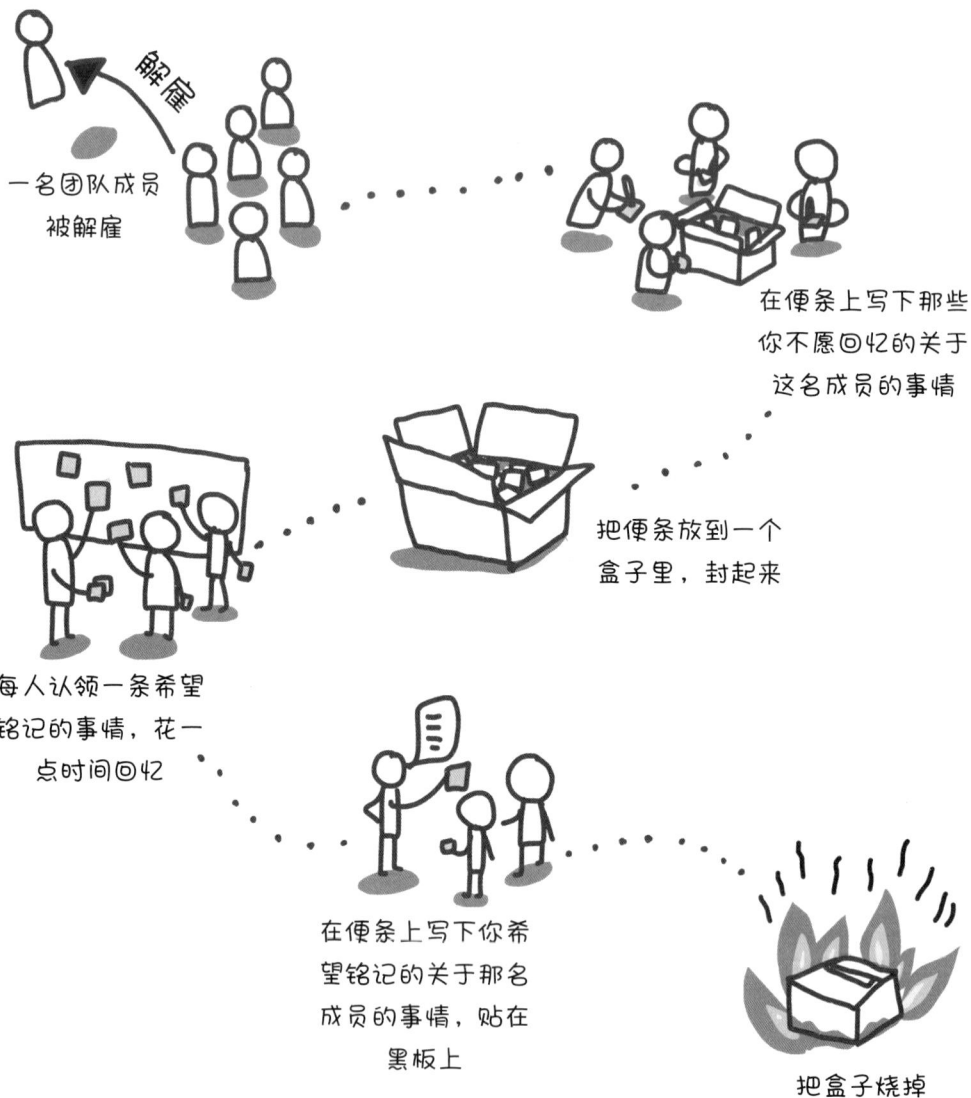

一名团队成员
被解雇

解雇

在便条上写下那些
你不愿回忆的关于
这名成员的事情

把便条放到一个
盒子里，封起来

每人认领一条希望
铭记的事情，花一
点时间回忆

在便条上写下你希
望铭记的关于那名
成员的事情，贴在
黑板上

把盒子烧掉

纪念新离职员工
团队成员被解雇后，为这件事情画上句号

46. 纪念新离职员工

使用场景

这项仪式在一名团队成员被解雇，你希望这件事就此结束时使用。

适用对象

尽量让所有团队成员都参加，以确保这件事在所有人心里就此结束。

准备道具

+ 便利贴
+ 笔
+ 纸盒
+ 碎纸机或不易引发火灾的容器

难度等级

这是一项无须太多策划的仪式，需要得到团队成员的认可，从而保证仪式能够顺利进行。

仪式简介

这项仪式可以应对团队成员被解雇时带来的沮丧，让大家宣泄因此产生的负面情绪，并为这件事正式画上句号。团队会针对被解雇的成员进行一个简短的总结，描述那些大家不愿意回忆的事情，以及希望铭记的事情。每个人认领一条"希望铭记"的事情，然后把写有"不愿回忆"的事情的纸条装在盒子里烧掉。

我们班上的一个团队设计了这项仪式，希望以此应对那些令人沮丧的变动。在经历了意想不到的事件之后，这项仪式能够给团队成员提供一种建设性的方式谈论所发生的事情，从而重新振作起来。尽管出现了一些问题，这项仪式也可以帮助大家对离开的团队成员心存感激之情。

组织"婚礼"
有意识地让两队人马建立更加紧密的联系

47. 组织"婚礼"

使用场景

这项仪式在两家公司合并或一家大公司收购另外一家公司时使用。

适用对象

这是一项公司之间联合举办的仪式，不同的团队合并时也可以使用。

准备道具

+ 誓词
+ 结婚证书
+ 鲜花
+ 音乐
+ 蛋糕和饮料

难度等级

这是一项需要精心策划的仪式，每个细节都要设计到位，并且需要新团队成员的认可方能顺利开展。

仪式简介

"组织'婚礼'"仪式用于纪念两个组织正式合并（或收购）。不同于用一封正式的电子邮件宣告两个组织的结合，这项仪式使用了"婚礼"仪式中丰富的手法，通过更有创意、更具协作性的活动让这次并购更加特别。

设计公司 IDEO 在它们与另一个团队合并时设计出了这项仪式。为了纪念此次合并，它们在厨房里搭建了一个小"教堂"，用鲜花加以装饰。"教堂"内还放着一张超大号的"结婚证"，它们在此举行了一场仪式：两家公司的代表人沿着走廊共同走到台前，在"结婚证"上签名，然后把蛋糕喂到对方的嘴里。

两家公司在 24 小时内共同设计了这次活动，目的是让这次收购给人一种"以人为本""与众不同"的感觉。"收购"和"合并"这两个词可能会让人感觉有点残酷，让人感觉自己遇到了威胁，这项仪式的目的就是让大家感觉到，"收购"和"合并"更像是一个新家庭生活的开端。

如何操作

- 从两家公司中各选出一名主持人，并确保仪式有一套流程可以遵循。

- 需要有人负责在厨房或其他比较宽敞的空间里搭建一个"教堂"。准备一些鲜花，在过道两旁摆上椅子，播放音乐。尽量把房间布置得喜气洋洋一些。

- 准备好要说的"誓词"。"誓词"可以由管理层或团队共同决定，以确保"誓词"代表他们希望传达的价值观和两家公司之间建立的关系。例如，IDEO 的誓词是这么写的："我们（公司）欢迎你们 (另一家公司) 成为我们的工作伙伴。我们在此承诺，珍惜我们的友谊，尊重你们本身以及你们所做出的贡献，只要世界需要我们的服务，我们就会为了你们未来的成功努力奋斗。"

- 制作一份可供两家公司成员签名的"结婚证"。把它做成一张巨大的海报，挂在"教堂"里。

- 邀请所有与此次公司合并有关的人员参加仪式。他们可以先坐下来听会儿音乐，然后随着开幕音乐的响起，公司代表们步入"教堂"。

- 两名主持人引导公司代表宣读"誓词"，然后正式说出"我愿意"，并在证书上签名。

- 两人开始切蛋糕，把切好的蛋糕互相抹在对方的脸上。接下来，大家可以在掌声中打开香槟，享受美食，相互交流，了解彼此。

如何应用

这项仪式是 IDEO 芝加哥办事处在与一家数据科学公司开会时设计的。为了更好地展开这项仪式，有必要让仪式流程、誓词、道具和证书与你自身的具体情况相适应；你对所在公司此次合并或收购的看法和担忧应该融入仪式当中。这意味着，每个组织都应该反思转型时期有哪些地方给别人带来了压力。这是所有组织都会在生命周期中面对的一个薄弱环节，因为在这个时间点上，组织会发生翻天覆地的变化，组织中每个人的身份认同感都会受到冲击。

"'婚礼'仪式"的重点在于如何驾驭人们在今后的工作中可能产生的强烈情感，并将双方团队的关系引向彼此都认同的美好未来。为了更好地展开这项仪式，双方都应该写下自己的誓言，阐明自己希望未来达到什么目标，并坦诚地表明自己的担心之处，以便更好地应对这些问题。

在举办仪式时，还可以融入组织的其他文化元素：喜爱的食物、音乐、符号以及只有公司成员才能听得懂的玩笑。我们的目标是将这项仪式打造成连接两个组织文化的桥梁，与新成员分享新的文化，并强调这种转变并不意味着要抹杀原有的身份认同。

安妮特 · 费拉拉（Annette Ferrara）
IDEO 芝加哥工作室体验总监

对仪式的研究

安妮特是设计公司 IDEO 芝加哥工作室的体验总监，在这里，她设计了许多仪式和其他文化建设策略。

安妮特及其团队一直在努力建设创新氛围，支持员工进行创造性工作，让员工敢于尝试新事物，让他们感到自己并非孤立无援。为了达到这一目标，他们设计了各种各样的仪式，其中一部分仪式在本书中已经有所介绍，除此以外还有一些其他仪式：

IDEO 背景故事

悲伤铁人料理大赛

工作室颁奖晚会

卓越创意沙龙

甲板电影之夜

松木车大赛

花样星期五集会

这张清单还在持续不断地增加新的名字，这其中包含了大量的游戏、特别聚餐、趣味会议和节日派对。整个团队都很喜欢设计各种各样的仪式打造更有生命力和创造力的文化。

仪式在工作中应用的收获

安妮特表示，仪式可以帮助专业创意人士应对不同的工作阶段，比如"构建创意"和"创意延展"。仪式为创意实践提供了保险、稳定的空间和实施方法。这些方法可以让工作中经常会遇到的变动变得更容易令人接受，比如前一秒还在集中注意力解决具体的工作，后一秒就必须转向社交活动或接受新的挑战。仪式还可以拓展人们的创造力，使他们的技能适应工作的要求。

安妮特的团队在创造活动和仪式的过程中使用了设计流程。他们是依据工作场所中自然而然形成的行为设计仪式的。

例如，人们会用办公室冰箱里的剩饭、剩菜做"悲伤三明治"①。他们把这种行为改编成了一场竞赛：把办公室厨房里不起眼的材料变成了美味佳肴。此后，这种竞赛逐渐演变成一种办公室仪式——"悲伤铁人料理大赛"，并逐渐成为企业文化的一部分。

他们团队还致力于让仪式具有包容性，让尽可能多的人参与进来。这意味着要让人们发挥主导作用，把他们自己的想法和技巧融入活动中去。

对未来工作的憧憬

IDEO 的团队致力于改善工作文化，以帮助人们追寻更多的意义以及更好地融入圈子。如果人们从家族成员或宗教组织那里获取的支持无法持续下去，那么工作可以起到更大的作用：在接下来的日子里帮助人们找到生活的目标。

如果这种情况继续下去，工作文化对人们的社交健康就会变得更加重要——人们会觉得自己并非孤立无援，而是那么受到重视并获得支持。我们需要更深入地思考如何建立起这种更具支持作用的工作文化，以确保人们能够在这些新动态中健康发展。

---

① 一种用长条面包剩下的两端做成的三明治。——译者注

悲伤铁人料理大赛

辣酱

糖

盐

酸奶

柠檬汁

你能用办公室厨房里的食材做些什么?

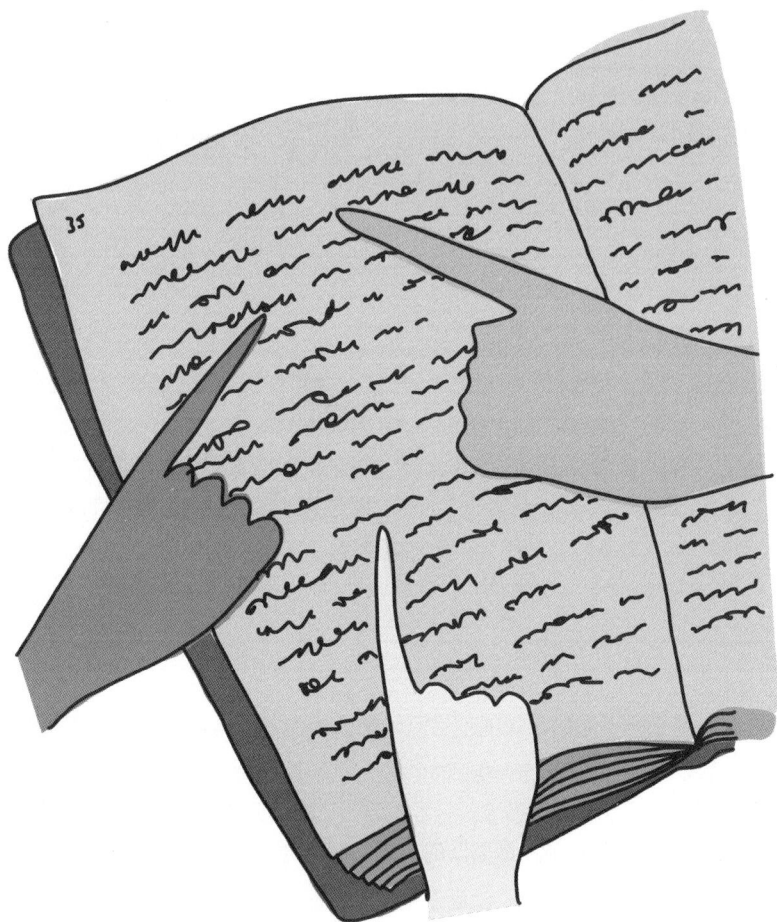

取名者
为临时组建的团队迅速建立身份认同

48. 取名者

使用场景

这项仪式在一个项目需要跨团队进行或通常不在一起工作的人员必须一起工作时使用。

适用对象

这是一项团队型仪式。

准备道具

+ 能够为起名字提供灵感的书

难度等级

这是一项成本和策划难度都较低的仪式，只需要得到团队成员的认可，确保仪式顺利开展即可。

仪式简介

"取名者"是一种适用于临时组建的项目团队的命名仪式。当人们聚在一起进行短暂的合作时，他们通常很难感觉到彼此之间拥有相同的身份，或是很难全身心地投入团队工作当中。

这项仪式会让新团队成员从他们最喜欢的书里一起挑选一个词为团队命名，以此开始他们的合作。大家可以从书中随机选择单词，然后一起讨论，把这些词组合成一个名字，围绕这个名字再延展出一个背景故事。

"取名者"仪式的关键是让团队一起取名，这个名字不会永远存在，但只要临时团队还没有解散，这个名字就会一直存续。这项仪式有些随机性，这样大家就不会相互比拼看谁取的名字更响亮。团队可以一起对仪式最终产生的结果做出反馈，如他们可以通过这些随机的提示完成一项很有意义的事情：做出第一项团队决议。

如何操作

"取名者"属于轻量级的仪式。对新组建的团队来说，它是一项有趣的、有创造性的、令人惊喜的活动。

- 当团队组建好后，邀请团队成员参加一场启动会，并要求他们每人带上一本自己最喜欢的书。

- 在会议上，请 3 名志愿者先行示范。请他们打开自己最喜欢的书，随便翻开一页，把手指随意放在一个单词上——完全不要看书中的内容。

- 让他们把这个单词写在一张纸上。

- 接下来，让另外 3 个人重复同样的动作——打开书，随机选择一个单词写下来。

- 大约选出 10 个单词后，把写着单词的纸放在会议桌的中间或贴在一块黑板上。接下来，团队成员需要在这些单词中做出选择，既可以把它们组合在一起，也可以模仿这些单词创作一些新的词，用这些单词中的某一个为团队命名。

- 把团队名称写在黑板上或一个大的海报板上，让团队成员决定应该为这个名字配备一个什么样的标识。这个标识用来对团队名称加以诠释，并解释团队名称背后的含义。

- 最后，写下 3 ~ 5 条团队应遵守的原则。这些原则可以与团队名称和标识前后呼应，以加深团队成员的身份认同。所有的成果，无论团队名称、标识还是原则，都可以贴在团队办公室里，这样可以进一步加强大家对新身份的认同。

我们的标志是袋鼠！

我们能迅速振作起来

我们从不放弃伙伴

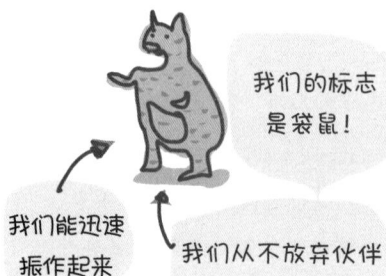

搞清楚公司的吉祥物是什么——吉祥物代表了你们的核心价值观和特质

按照吉祥物的样子做成彩罐，在每个新员工上班第一天送给他

$100

新员工们可以打碎这个彩罐，拿到自己的欢迎礼物——一顿免费大餐，新员工可以和自己的亲朋好友共同享用这顿大餐，庆祝自己入职新公司

皮纳塔欢迎礼
送新员工一份开工大礼

49. 皮纳塔欢迎礼

使用场景

这项仪式在新员工第一天上班时使用。

适用对象

这是一项由公司组织、个人参与的仪式。

准备道具

+ 按照公司的独有标志或吉祥物的样子
  做成一个皮纳塔彩罐

+ 在皮纳塔彩罐内放入惊喜礼物

难度等级

这是一项需要精心策划的仪式，需要投入
人力、物力制作小皮纳塔礼物。

仪式简介

　　"皮纳塔欢迎礼"是一项小型入职仪式，这项仪式会通过向新员工赠送惊喜礼物表示对他的
欢迎。不同于常见的欢迎礼物，如咖啡杯、手提袋或笔记本，皮纳塔更好玩、互动性更强，并且
能够更好地反映组织的身份认同。

如何操作

　　公司首先需要选择能够代表自己的吉祥物或其他视觉符号。这个吉祥物或符号应该代表组织
的价值观。确定了这个符号后，公司就可以制作相应的皮纳塔彩罐，并在皮纳塔彩罐中放入糖果
或其他零食。每当有新人加入公司时，公司都应该在他们的办公桌上放上一只皮纳塔彩罐作为惊
喜礼物。新员工可以打碎皮纳塔彩罐找到礼物，说不定还能从中找到一张就餐礼券，新员工可以
用它和爱人共进晚餐，庆祝自己入职新公司。

入职寻宝之旅
帮助新员工重新建立关系

50. 入职寻宝之旅

使用场景	**适用对象**
这项仪式在新员工第一天上班时使用。	这是一项组织为个人举行的仪式，也适用于团队。
准备道具	**难度等级**
+ 寻宝地图 + 线索 + 奖品	前期需要设计寻宝游戏，设计完成后，就很容易对其进行复制。

仪式简介

新员工入职第一天，通常会有一名团队成员带领他在办公室里四处参观，把新员工介绍给所有同事。"入职寻宝之旅"仪式正是将这一惯例进行了游戏化改造。在这项游戏中，新员工会得到一张地图，上面列出了所有"站点"的线索，如果完成任务就会得到一份奖品作为回报。这项仪式是由一家科技公司和斯坦福大学的学生共同设计的。

新员工在上班第一天就会得到一张藏宝图。他们必须利用地图上的线索，按照顺序找到每一个"站点"。他们可以向别人寻求帮助。当他们来到正确的"站点"时，这里的同事会给予他们热烈的欢迎，并向他们提供更多的线索。

当新员工完成寻宝任务后，就会得到一份欢迎礼物。寻宝活动的目的是让新员工开工的第一天更有吸引力，这样新员工就能以一种更难忘的方式了解同事，并在本来可能压力很大的这一天得到组织的支持。

PART THREE

Designing Rituals with and for Your Teams

———

第三部分

设计由团队所享、所建的仪式

8

A Short Guide
to Designing
Rituals

第八章

仪式设计简要指南

在阅读了这么多其他人设计的仪式之后，也许你也跃跃欲试，想自己设计一个符合你的需求和应用场景的仪式。我们鼓励你尝试设计仪式：想象一下你的工作生活和人际关系通过什么方式可以变得更好。

在过去的 4 年中，我们在工作坊和课堂上设计了很多仪式。创造新仪式的基本过程有 3 个大的阶段：发现、设计和实施。

在发现阶段，你需要探索仪式的核心组成要素，包括潜在的应用场景、灵感和目的。在设计阶段，你需要使用各种元素构建良好的体验。在实施阶段，你需要更多地思考开展仪式的策略，使其更加灵活、门槛更低、更易被社区采纳和应用。

第一步

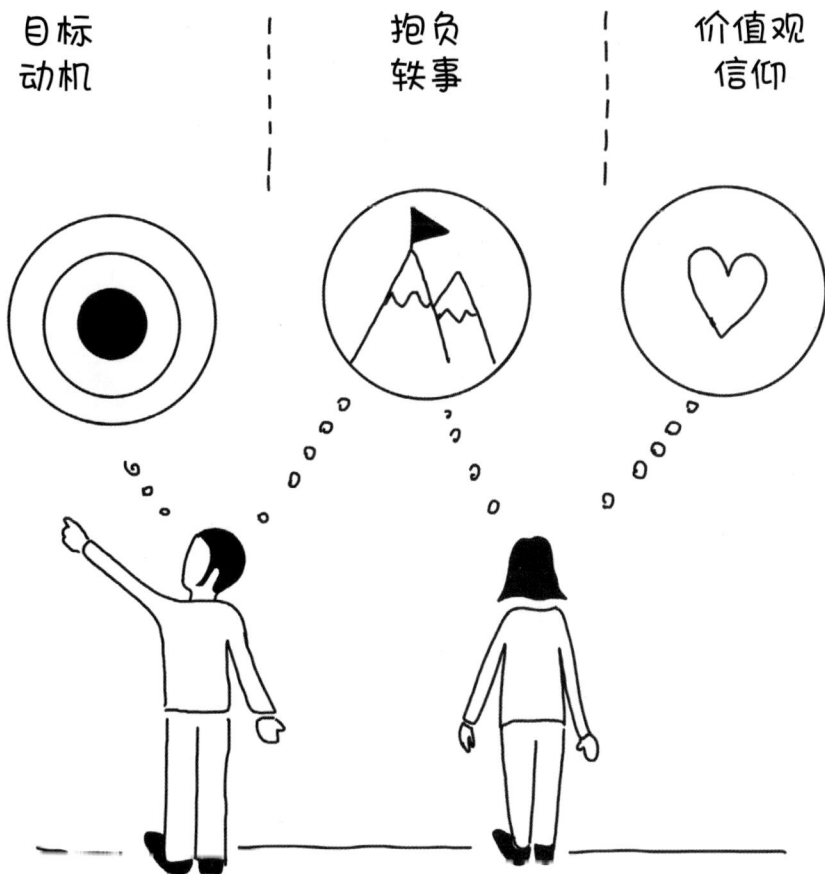

目标	抱负	价值观
动机	轶事	信仰

发现：设定你的意图

为什么要创造一个仪式？

你应该为你的仪式设定一个核心意图。你希望通过这项仪式表达什么观点或者传递什么样的情感？这个目标可以基于你或你的组织的价值观、信念、目标、动机或愿望制定。

例如，你的意图可以是成为别人眼中更好的同事、在你的团队中激发更多的创造力，或者为新员工营造一种受欢迎的氛围。

第二步

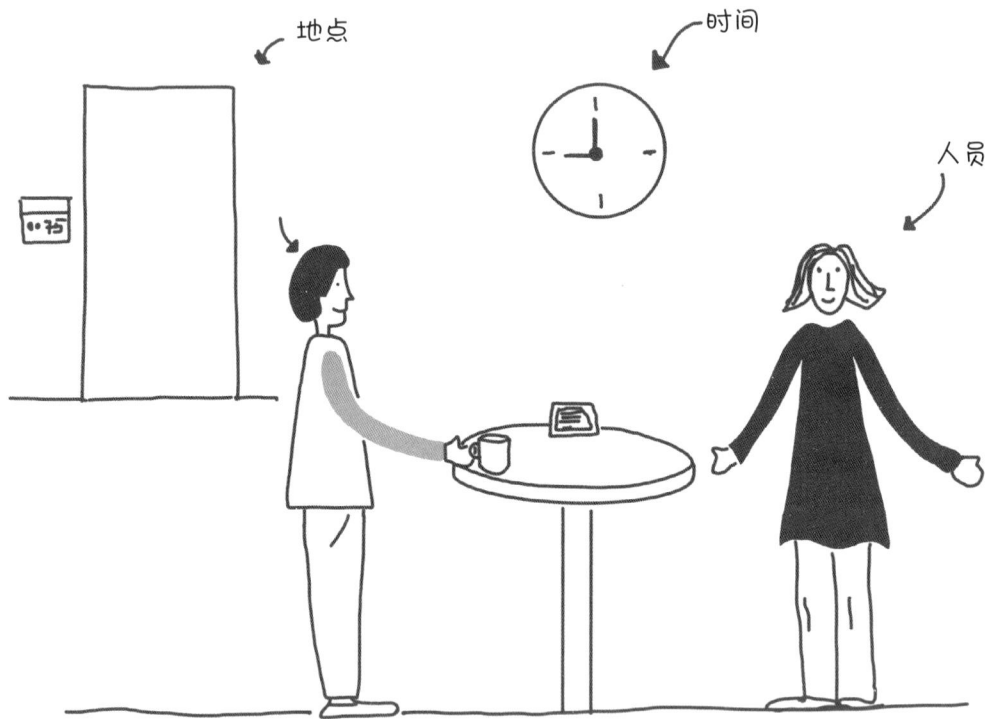

发现：寻找一个契机

哪些环境因素能够触发仪式：确切的时间、人员和地点？

一个绝佳的触发因素能够为你创造一个设计一项效果强大的仪式的绝佳契机。以下这些都可能成为触发因素：同事升职、产品发布、团队开始一个新项目、一场冲突或产品失败。当你确定触发因素后，选择一个特定的场景，以这个场景为锚点设计仪式。这个场景可以是每周例会、在休息室喝咖啡休息，也可以是告别晚宴。这种时间和地点的特殊性会让你的仪式更有可能坚持下去。

第三步

设计：**设想雏形**
你的仪式可能包含哪些元素？

你可以举行一场头脑风暴，提出针对仪式的想法，将你想要实现的目标变成可操作的行动。在理想的情况下，你可以和别人一起进行头脑风暴，把别人的想法与你的见解结合起米。为了获得灵感，你可以尝试一些仪式中特有的做法，利用我们从学术研究中了解到的有用信息，比如伊莎贝尔·贝恩克关于社交技术的研究成果，具体如下。

提示 1：分享美食和饮料

提示 2：穿着特殊服装，尤其是佩戴头饰

提示 3：引用节奏和肢体动作

第四步

设计：**确定一个象征性的道具或动作**
你设计的仪式的特别之处在哪里？

经过第一轮的头脑风暴之后，看看是否可以发现关键环节和象征性的道具或行为，以此设计仪式。你可以使用一些练习，迭代最初的想法。

迭代 1：增加"魔力道具"，为仪式中用到的道具赋予额外的力量。例如，对运动员来说，你可以给运动鞋赋予一种特殊的意义。

迭代 2：增加"奖励"环节，无论物理回报、情感回报还是社会回报。

迭代 3：增加"宣泄情绪"环节。这项特殊的活动可以帮助大家释放负面情绪和能量。

第五步

设计：**提炼出叙事弧线**
你的仪式是如何展开的？

一项合格的仪式要拥有完整的叙事弧线，有开头，有中间，有结尾。你应该把你的想法提炼出一段完整的叙事弧线。你可以借助"故事串联"的方法做到这一点，一步一步地理清新仪式的框架。试着根据前文提到的仪式原则进行完善。

原则 1：你的仪式是否具有一种"难以描述"的特质？

原则 2：你的设计是否符合你的意图？

原则 3：它是否具有象征意义并且超越现实？

原则 4：它有演化的空间吗？你能根据参与者的需求添加或删除仪式元素吗？

第六步

部署：**将仪式付诸实践**
人们将如何执行你的仪式？

　　这一步需要把仪式付诸实践，检测仪式在实际使用中是否有效。这个环节类似于第二轮头脑风暴，但它更多的是行动而不是思考。你可以将这个实践过程当作一个即兴项目，在这个过程中你可以改变现行的策略。通过实践，你可以打磨你的仪式，让它更易接受、更有趣和更有意义。

　　在理想的情况下，你要邀请一两个搭档一起实践，试着模仿对方的肢体动作——重复这个动作，直到你们的动作相同为止。你可以重复尝试不同的表达方式，看看有什么可以改进之处。

第七步

部署· **编纂规则**
如何将仪式变成一个有效果的"东西"?

你可以使用上图的仪式画布模板编纂你的仪式规则:定义仪式中最核心的脚本和道具,并进一步细化叙事弧线的开始、中间和结束;列出你的意图和场景触发因素完善仪式。

当你想要把它付诸实践时,使用第二章中的"首次实施仪式"指南思考如何最大限度地让其他人参与进来,并将你的想法变成一种常规动作。如果有人改造了你设计的仪式,不必斤斤计较,保持开放的心态。这是一场实验,可能最初的计划并不能流行起来,但人们可以在它的基础上进行改进,使其更适合他们的工作生活。

感谢你阅读这本书

和我们
共同举起
咖啡杯

庆祝完美结束!

致 谢

这本书的诞生与我们的家人、朋友以及同事的帮助密不可分。

感谢身处美国和土耳其的各位亲友,特别要感谢凯雷姆和泰奥曼。

感谢斯坦福大学设计学院社区鼓励我们将工作成果分享给更多的人。感谢我们的学生,感谢 SAP、微软等合作伙伴机构,感谢斯坦福大学设计研究中心,还要感谢曾与我们共同奋斗在教学一线的大卫·瑟金、伊莎贝尔·贝恩克、黛菲·西维莱科格鲁,以及安妮·芒德尔教授。

感谢理查德·布坎南教授、约翰·齐默尔曼教授和洛莉·克兰纳教授,在卡内基梅隆大学设计转型研究时,他们给予了我们很大的支持,这启发了我们对仪式设计的研究。

感谢高桥玲奈(Reina Takahashi)支持本书的设计工作。感谢贾斯汀·洛基茨帮助我们打开了通往艺术可能性的大门。

感谢所有受访者的包容与好奇心,以及他们的卓越成就:安妮特·费拉拉、阿尼玛·拉沃伊、爱塞·伯赛儿、西普利亚诺·洛佩兹、多姆·普莱斯、伊莎贝尔·贝恩克、劳拉·迈纳、童莉莲、马歇尔·古德史密斯、尼克·霍布森。

感谢出席 2018 年 5 月在斯坦福举办的第一届仪式设计峰会的社区成员,感谢他们给予的反馈和提供的创意。

最后,感谢哈密德、梅廷以及贝基尔在本书撰写和绘图过程中给予的帮助。

作者简介

赫斯特·欧森　博士
SAP 实验室战略设计咨询顾问，
斯坦福大学设计学院讲师

赫斯特·欧森博士来自土耳其卡帕多西亚地区，拥有卡内基梅隆大学、萨班其大学、中东技术大学学位证书。他是一位设计师，同时也是一位创新咨询顾问。他为专业人士和普通爱好者设计工具并提供服务。他在斯坦福大学设计学院创建了仪式设计实验室，与学生和合作机构共同进行了个人仪式、团队仪式和人机仪式的各种实验。此外，他还在斯坦福大学设计学院教授"服务设计"（service design）课程。

赫斯特关于仪式的研究成果曾发表于《大西洋》杂志以及加拿大公共广播电台。

玛格丽特·哈根　博士
斯坦福大学法学院法律设计实验室主任，
斯坦福大学设计学院讲师

玛格丽特·哈根来自宾夕法尼亚州匹兹堡市，她是一位律师，同时也是一位设计师。她在斯坦福大学法学院和设计学院同时担任教职，并创立了法律设计实验室进行研究和开发，致力于帮助民众更有效地理解司法体系。

玛格丽特拥有芝加哥大学、斯坦福大学、贝尔法斯特女王大学和中欧大学四所高等院校的学位。

注 释

1　Amy Adkins, "Employee engagement in U.S. Stagnant in 2015".

2　Rafael Nadal, *Rafa.* New York: Hyperion, 2011.

3　Soren Kaplan, "Zipcar doesn't just ask employees to innovate, it shows them how", *Harvard Business Review,* Feb 1, 2017.

4　James Heskett, The Culture Cycle: How to shape the unseen force that transforms performance. Upper Saddle River, NJ: Pearson FT Press, 2015.

5　Kursat Ozenc, "Modes of Transitions: Designing Interactive Products for Harmony and Wellbeing," *Design Issues,* Vol. 30, No, 2, 2014.

6　Kursat Ozenc and Margaret Hagan, "Ritual Design: Crafting Culture and Designing Meaning for Organizational Change," AHFE International, 2016.

7　Emile Durkheim, *The Elementary Forms of the Religious Life,* trans. J.W.Swain, London: Allen and Unwin, 1957.

8　Clifford Geertz, *Interpretation of Cultures,* New York: Basic Books, 1973, at p. 112.

9　Nicholas Hobson et al., "The Psychology of Rituals: An Integrative Review and Process-Based Framework," *Personality & Social Psychology Review,* 2017.

10　Carmen Nobel, "The Power of Rituals in Life, Death, and Business," *Working Knowledge,* Harvard Business School, June 2013.

11　Alison Wood Brooks et al., "Don't stop believing: Rituals improve performance by decreasing anxiety," *Behavior and Human Science,* 2016.

12　Michael I. Norton and Francesca Gino, "Rituals Alleviate Grieving for Loved

Ones, Lovers, and Lotteries," *Journal of Experimental Psychology: General,* Vol. 143, No. 1, 2014, at p. 266-272.

13　Daniel McGinn, Psyched Up: How the Science of Mental Preparation Can Help You Succeed, Penguin Random House, 2017.

14　Daniel McGinn, "Why You and Your Colleagues Need a Group Ritual,"*Time*, 2017.

15　Kathleen D. Vohs, et al. "Rituals Enhance Consumption," *Psychological Science*, Volume 9, Sept 24, 2013, at pages 1714-21.

16　Allen Ding Tian, et al. "Enacting Rituals to Improve Self-Control," *Journal of Personality and Social Psychology,* Vol. 114, 2018, at p. 851-876.

17　Mason Currey, Daily Rituals: How Artists Work, New York: Knopf, 2013.

18　Michaela Schippers and Paul van Lange, "The Psychological Benefits of Superstitious Rituals in Top Sport," ERIM Report Series Reference, 2005.

19　Lisa Schirch, Ritual and Symbol in Peacebuilding, Kumarian Press, 2005.

20　Chip and Dan Heath, The Power of Moments, New York: Simon & Schuster, 2017, at p. 17-39.

21　Herbert Simon, *Sciences of the Artificial,* Cambridge, MA: MIT Press,1969.

22　This drawing was inspired by W. Sluckin, D. J. Hargreaves and A. M. Colman," Novelty and Human Aesthetic Preferences", 2000.

23　"Peek Inside the Annual Flipboard Mockathon,"

24　MIT's Design Mad Libs, 麻省理工学院设计类疯狂填词词库。

25　IdeaPop 是一款 iOS 应用。

26　Jonathan D. Rockoff, "Celebrating Failure in a Tough Drug Industry," *The Wall Street Journal,* March 2017.

27　Caroline Copley and Ben Hirschler, "For Roche CEO, celebrating failure is key to success," *Reuters,* September 2014.

28　Laura Miner, "Founding and Designing Pinterest's Internal Conference: Knit Con,".

29　Francesca Gino, "Need More Self-Control? Try a Simple Ritual," *Scientific American,* August 2018.

30　更多热身仪式参见注释 2,13,14 和 18.

31　Paul Levy, "Seeing Past the Checklist," *Athena Insight,* January 2017.

32　Camille Sweeney and Josh Gosfield, "11 Simple Tips For Having Great Meetings From Some Of The World's Most Productive People," *Fast Company,* June 2013.

33　Marshall Goldsmith, "Six daily questions for winning leaders," *Dialogue,* Q1 2017.

34　Kasey Fleisher Hickey, "How to take back your productivity with No Meeting Wednesday,".

35　Jason Fried, "Why work doesn't happen at work," at TEDxMidwest, October 2010.

36　Rich Karlgaard and Michael S. Malone, *Team Genius,* Harper Collins, 2015.

37　Lisa Maulhardt, "Advice for new leaders in your first 100 days".

38　Alice Truong, "The oddball ways tech companies welcome you on your first day of work," *Quartz,* March 2015.

39　The Doctor Is In work is licensed with express permission from Atlassian under a Creative Commons Attribution-NonCommercial-ShareAlike 4.0 International License.

40　Matter-Mind Studio, "Design Poetics,".

41　"How Airbnb is Building its Culture Through Belonging," *Culture Amp Blog.*

42　Dom Price, "6 Meeting Hacks (and 1 Weird Tip) That Instantly Boost Your Credibility,".

43　Jurgen Spangl, "Want better meetings? Meet Helmut, the rubber chicken," *Atlassian Blog,* April 2017.

44　Maria Cristina Caballero, "Academic turns city into a social experiment," *The Harvard Gazette,* March 2004.

45　该仪式已被明确列入非商业性知识国际共享许可协议。

46　Lauren Hamer, "How to Make Remote Team Celebrations Memorable & Merry,".

47　Margaret Littman, "Beyond Secret Santa: Holiday Traditions That Build Teams," *Entrepreneur,* Dec. 2013.

48　Jennifer Dennard, Check-in Rounds: A Cultural Ritual at Medium, 3 Min *Read,*

Aug. 2016.

49   Marily Oppezzo and Daniel L. Schwartz, "Give your ideas some legs: The positive effect of walking on creative thinking" *Journal of Experimental Psychology: Learning, Memory, and Cognition,* Vol. 40,2014, at p. 1142-1152.

50   Russell Clayton, Christopher Thomas, and Jack Smothers, "How to Do Walking Meetings Right," *Harvard Business Review,* Aug. 2015.

51   Annette Ferrara, "Why workplace culture matters and how to build a good one," IDEO Blog, June 2018.

52   Kurt Varner, "Why I am joining Dropbox,"

53   参见注释 3。